KB081272

감정
회복력

EMOTIONAL INFLAMMATION:
Discover Your Triggers and Reclaim Your Equilibrium During Anxious Times

ⓒ 2020 by Lise Van Susteren and Stacey Colino
All rights reserved.
Korean translation rights arranged with Sounds True, Inc.
through Danny Hong Agency, Seoul.
Korean translation copyright ⓒ 2020 UKNOWBOOKS

이 책의 한국어판 저작권은 대니홍 에이전시를 통한 저작권사와의 독점 계약으로
유노북스에 있습니다.
신저작권법에 의해 한국 내에서 보호를 받는 저작물이므로 무단 전재와 복제를 금합니다.

EMOTIONAL INFLAMMATION

# 감정

심리학 박사가 들려주는 감정 조절 수업

# 회복력

리제 반 서스테렌 · 스테이시 콜리노 지음 | 김미정 옮김

# 문제는 당신이 아니다

정해진 일정에 맞춰 움직이던 분주한 생활을 잠시 멈추고 자신에게 물어보자.

'지나친 스트레스에 억눌려 초조한가?'

'앞날을 걱정하는 데 너무 많은 시간을 쏟지는 않나?'

'자연재해, 인권 위기, 정치 관련 뉴스를 접하면 슬픔, 두려움, 분노, 절망감을 느끼며 기분이 오르락내리락하지 않나?'

'주변 사람의 기분에 휘둘려 인간관계를 버거워하지는 않나?'

이 물음 중 하나라도 '그렇다'고 응답했는가?

사실 많은 사람이 이러할 것이다. 최근 이름조차 모르는 증세로 괴로워하는 성인이 점점 늘고 있다. 사람들의 활발한 모습은 온데간데없고 조마조마한 마음, 불길한 예감, 소용돌이치는 부정적인 생각, 수면 장애가 맹위를 떨친다.

나는 이를 '정서적 염증(emotional inflammation)'이라고 한다. 내 환자, 동료, 친구 등 주위 사람들과 나의 인생을 돌아보니 '우리 곁에 정서적 염증이라는 유행병이 찾아왔다'는 생각이 들었다.

많은 사람이 겉으로는 괜찮은 듯 보이지만 정서적 안녕을 지키지 못하고 요동친다. 어떤 사람은 끊이지 않는 걱정, 불쑥불쑥 떠오르는 심란한 생각, 과잉 반응, 과잉 각성, 비탄, 수면 장애, 악몽에 시달리기도 한다. 이는 외상 후 스트레스 장애와 유사한 증상이다. 그 원인은 트라우마가 생길 사건을 겪었기 때문이 아니다. 오늘날을 살아가며 느끼는 부정적 감정, 미래를 내다볼 때 엄습하는 불안 때문이다.

이런 이야기로 당신을 지금보다 더 기운 빠지게 만들려는 뜻은 없다. 누구나 이런 감정을 느낄 수 있고 수많은 사람이 정서 불안을 경험한다는 것을 말하고 싶다. 사람들은 정서적 염증의 개념과 증상을 들으면 자기 얘기라는 생각에 고개를 끄덕인다. 자신이 이해받았다는 느낌과 함께 혼자가 아니라는 안도감이 들기 때문이다.

그동안 느껴 온 불편한 감정에 이름이 있다는 사실을 알고 나면 이전보다 불안감이 줄어든다. 꽤 자주 규칙적으로 일어나던 고통스러운 감정이나 개인의 문제가 아니라 주변 세계에서 벌어지는 혼란 때문임을 알고 나면 안심도 된다. 그렇다고 현재 퍼져 있는 정서 상태를 '뉴 노멀(new normal)'로 생각하고 순순히 받아들이라는 뜻은 아니다.

　　우리는 자극받은 감정을 회복하기 위한 힘을 기르고 인생을 든든하게 받쳐 줄 정서적 토대를 만들어야 한다. 맨 먼저 정서적 염증을 있는 그대로 인정해야 한다. 많은 사람이 국가와 세계의 정치, 지구의 건강, 나아가 인류가 처한 위기에 불안해한다.

　　기후 위기와 관련해서는 최근 잦아진 허리케인, 지진, 산불, 산사태, 폭염 등을 보면 '대자연의 인내심이 드디어 한계에 도달한 것이 아닌가?' 하는 생각이 든다. 제대로 된 정부가 없다는 두려움은 감정을 매우 위태롭게 한다. 사람들은 건강과 안녕이 위협받고 있다는 뉴스에 동요한다. 끊이지 않는 총기 난사 사건, 늘어나는 혐오 범죄와 성범죄, 핵미사일 실험, 훼손되는 자연과 고갈되는 자원, 전염병 등 매일 안 좋은 소식이 쏟아진다.

　　이런 점을 고려하면 2005년 이후 미국에서 주요 우울증 유병률이 급격히 늘고 특히 10대와 젊은 층의 증가율이 가장 높았다는 조사 결과가 전혀 놀랍지 않다. 세계보건기구(WHO)의 보고에 따르면, 전 세계에서 우울증과 불안이 유행병처럼 전례 없는 수준으로 늘었다. 특히 우울증은 북아메리

카와 남아메리카 여성에게 높게 나타나고 불안 장애는 세계에서 미국 남녀에게 가장 높게 나타난다. 미국의 항우울제 사용 수준은 2000년 이후로 거의 두 배가 늘었고 정기적으로 수면제를 처방받는 사람도 900만 명에 육박한다.

마약성 진통제인 오피오이드 사용과 오용도 급격히 높아졌다. 1999년 이후 미국 여성 중 오피오이드 과다 복용이 초래한 사망자는 다섯 배나 늘었다. 2017년에만 미국인 4만 7,000여 명이 오피오이드 과다 복용으로 숨졌는데, 이는 9·11 테러 이후 이라크와 아프가니스탄에서 숨진 미국 군인 수보다 6배나 높은 수치다.

의사의 과도한 처방, 제약 회사와 유통업자들의 비양심적이고 비합법적인 사업 관행 등 오피오이드 위기를 일으킨 몇몇 요인은 명백하다. 하지만 내 경험상 여기에 다른 의문도 가져 볼 필요가 있다. 이를테면 '왜 그렇게 많은 사람이 오피오이드를 애타게 찾는가?'다. 그리고 한 가지 분명한 답이 있다.

'사람들이 그 정도로 감정에 크나큰 상처를 받고 있다.'

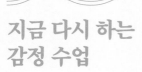

# 지금 다시 하는
# 감정 수업

'분노 피로, 대피 피로, 연민 피로, 대재앙 피로, 생태 불안…'

피로나 소모를 뜻하는 용어들이 새로 생겨났다. 우리가 위압적으로 느
낄 만큼 위협과 걱정거리가 만연해진 이유다.

최근 호주 철학자 글렌 알브레히트(Glenn Albrecht)는 산업 활동과 극심한
기후 변화로 자연이 영구적으로 훼손된 모습에 느끼는 고통을 가리켜 '솔
라스텔지어(solastalgia)'라고 명명했다. 어느새 이 단어도 문화적인 용어로
자리 잡아서 정신 건강 분야와 환경 운동 단체 사이에서 널리 쓰인다.

마음 챙김 명상 강사이자 숲해설가인 마크 콜맨(Mark Coleman)은 〈마음챙

김(Mindfulness)〉 2019년 호에서 솔라스텔지어가 "자연 안에서 변해 가는 나의 경험을 잘 표현한다"라고 언급했다. 그는 다양한 서식지, 생물종, 여러 수역에서 일어나는 일들을 지켜보며 "지난날 자연은 내게 늘 자양분, 기쁨, 경이, 사랑을 안겨 주는 마르지 않는 샘이었다. 하지만 이제 자연은 슬픔, 비탄, 상실을 자아낼 때가 더 많다"라며 안타까움을 표했다.

이런 새로운 증상은 사람들이 느끼는 깊은 무망, 무력감, 냉소주의, 무관심, 어수선하고 뒤숭숭한 마음 또는 이 모든 감정을 한꺼번에 느끼는 복잡한 상태를 반영한다. 이런 두려움과 걱정은 먹고사는 문제 위에 고스란히 얹혀 우리를 짓누른다.

'나는 정서적 염증이 전혀 없다'고 생각하는 사람도 있다. 아마 자기감정을 충분히 들여다보지 않았을 것이다. 나는 정신과 의사이자 심리학 박사로서 과잉된 감정이 내 환자, 친구, 환경 운동가, 정치인, 언론인 나아가 내 삶에까지 미치는 악영향을 갈수록 많이 목격한다.

젊은이들이 나날이 불안과 우울을 더 크게 느낀다는 것도 알 수 있다. 시험과 취업 등 사회적 압력 때문에 받는 스트레스가 문제일 때도 있지만 그 뒤에는 이 사회가, 이 나라가, 이 지구가 붕괴 직전일지도 모른다는 불안이 배경에 깔려 있다.

'혼란스러운 마음을 어떻게 다스려야 할까요?'
'안전하고 차분하다는 느낌을 되찾으려면 어떻게 해야 할까요?'

'저를 자극하는 문제에 더 효과적으로 대응하는 방법이 있을까요?'

요즘 들어 점점 더 많은 사람이 이렇게 묻는다. 이런 질문에서 스트레스가 가득한 사회를 살아가는 사람들의 불안, 두려움, 분노, 화, 슬픔 등 부정적 감정이 점점 깊어짐을 알 수 있다. 상황이 이렇게 돌아갈 필요는 없다. 이런 감정에 이름을 붙여 정확히 파악하면 우리를 옭아매는 힘은 자연스럽게 사라질 것이다. 하지만 모든 부정적 감정이 쉽게 해소되지는 않기 때문에 이 책을 쓰게 됐다.

정서적 염증을 촉발하는 대다수 문제는 우리의 통제 범위에서 벗어나 있다는 느낌을 준다. 바이러스, 극단적인 기상 현상, 화합을 깨고 공포감을 조장하는 정치인들, 지도자의 변덕스러운 통치, 인권 유린, 자연재해, 일상적으로 사용하던 화학 물질이 우리 건강을 해치고 있었다는 속보 등 수없이 많다.

우리가 이런 요인에 어느 정도는 맞설 수 있다. 자신의 반응을 더 잘 파악하고 비판적인 사고력을 기르고 감정을 명료하게 한다면 문제에 휘둘리는 것을 막을 수 있기 때문이다. 우리의 몸과 마음이 원하는 생활 방식과 리듬을 찾으면 과잉 반응하는 감정을 가라앉힐 수 있다. 이 방법은 외부 부정적 자극을 적당히 받고 특정 생활 방식에 영향을 받는 몸과 정신 건강을 파악하고 자연의 무한한 치유력을 누리는 것이다.

분명히 밝히건대 우리의 목표는 감정을 말려 버리는 것이 아니다. 정서와 감정은 우리를 지각 있는 존재로 만들며 삶에 감촉과 풍요를 가져다준다. 또 소중한 정보 전달자로 우리의 선택, 삶의 방식, 괴로운 심리 상태와 심란한 세상을 개선할 유익한 방법을 알려 준다.

감정을 억누르는 것은 아무런 이득이 없다. 오히려 이를 활용하고 자양분 삼아 효과적인 행동들을 취해야 한다.

우리는 이 책에서 우리 내면에 무엇이 있는지 들여다보려고 한다. 이로써 평정심을 유지하려면 무엇을 고쳐야 할지 알아낼 것이다.

1부 '인생을 흔드는 건 회복 안 된 마음이다'에서는 두려움과 무력감을 들게 만드는 다양한 요인을 자세히 살피고 정서적 염증을 안고 살아갈 때 나타나는 생리적, 심리적, 사회적, 영적 파급 효과를 알아본다. 개인에게 가장 많은 영향을 미치는 정서적 염증이 어떤 형태인지 알게 될 것이다.

2부 '먼저 일어나는 사람이 남들보다 앞선다'에서는 감정 회복력을 키우는 8가지 방법으로 평정심을 되찾는다. 또한 그동안 경험했던 고통스러운 정서를 건설적인 방식으로 활용할 방법을 모색한다. 정서적 염증을 가라앉히는 활동은 심리학, 신경 과학, 진화 생물학에 뿌리를 둔다. 이 방법은 개인의 감정이 지속적으로 개선을 이루는 것을 목표로 설계했다.

지금이야말로 지친 감정을 일으켜 세우고 흔들림 없이 차분한 상태로 바꿀 절호의 기회다. 내 손으로 문제를 해결함으로써 안녕감을 증진하고 주변에도 긍정적인 변화를 일으킬 수 있다. 자신이 약하다는 생각에 당혹해하기보다는 걱정에 기름을 끼얹는 상황을 바꾸기 위해 노력해야 한다.

이 열쇠는 부정적 감정의 에너지를 역으로 활용해 해법을 모색하고 함께 걸어갈 마음 맞는 친구를 찾아 나서는 것이다. 당신에게 그 힘이 있다. 활기차고 적극적으로 기쁜 삶을 누릴 용기와 지혜를 얻길 바란다.

# 목차

## 1부 _ 인생을 흔드는 건 회복 안 된 마음이다

: 상처받은 내 마음 들여다보기

# 2부 _ 먼저 극복한 사람이 한 발 더 나아간다

: 감정 회복력을 키우는 8단계 방법

# 인생을 흔드는 건
# 회복 안 된 마음이다

## : 상처받은 내 마음 들여다보기

# 1장

# 나는 왜 쉽게 상처받고
# 주저앉나?

"말하지 않은 이야기를 가슴속에 담고 있는 것처럼 고통스러운 것은 없다."

**-조라 닐 허스턴(Zora Neale Hurston)**

여성 운동의 선구자이자 할렘 르네상스를 빛낸 작가

# 지칠 대로 지친 감정

오랫동안 수많은 연구자가 인간의 감정의 수를 셌다. 최근 연구에서는 추앙과 숭배부터 동정과 승리감에 이르기까지 감정의 범주를 크게 27개로 나누고 각 범주 아래에 수많은 항목을 덧붙였다.

사람은 평균적으로 깨 있는 시간의 90% 동안 한 가지 이상의 감정을 경험한다. 보통 부정적인 감정보다 긍정적인 감정을 느낄 확률이 2.5배 높다. 놀라운 사실은 사람들이 신나는 감정과 불편한 감정, 이를테면 흥분과 두려움 등 여러 감정을 동시에 경험하는 시간이 깨 있는 시간의 3분의 1에 달한다는 것이다.

이처럼 우리는 과학적으로 긍정적 감정을 더 많이 느낀다. 그런데 왜 우리는 부정적 감정에 더 쉽게 빠지고 그 상태에서 헤어나오지 못할까?

　전문 서적을 아무리 뒤져도 '정서적 염증'이라는 용어는 찾을 수 없다. 하지만 이것은 시끄럽고 정신없고 혼란스러우며 다툼이 잦은 세상을 살아가는 여성과 남성 수백만 명이 겪는 질환이다.
　정서적 염증의 증상으로는 예기 불안, 이름 없는 두려움, 꺼질 줄 모르는 각성 상태가 나타나고 과잉된 반응, 동요 등이 두드러질 때도 있다. 외상 후 스트레스 장애를 겪는 사람도 있고 내가 '외상 전 스트레스'라고 명명한 증상을 겪는 사람도 있다.

　'전투 부대에 배치된 군인이 심란한 생각이나 장면을 반복적으로 떠올리거나 충격적인 꿈을 꾸고 실제로도 일어날지 모른다는 생각이 들 때마다 강력한 생리적 반응을 보인다.'

　이런 연구 결과는 전혀 놀랍지 않다. 인권 침해와 인종 차별 전쟁의 최전선에 있거나 환경 운동을 하는 사람들도 비슷한 증상을 보인다.
　하지만 평범한 시민도 이런 증상을 겪는다. 우리를 둘러싼 현재, 미래에 예견된 위기와 재난을 염려하다가 이와 비슷한 증상을 겪고는 흐트러진 주의와 감정을 다스리고 불면증을 해결하려고 의사에게 약을 처방받는 사람들이 나날이 늘고 있다.

## 전투 군인과 같은 스트레스를 느끼는 이유

지금 우리가 사는 세상에는 기이한 일들이 새로운 일상으로 자리 잡았다. 전에는 느닷없이 벌어졌던 일들이 이제는 대부분 뻔해졌으니 말이다. 치킨 리틀(영국 동화 《치킨 리틀》의 주인공에서 유래. '걱정이 지나친 사람'을 일컫는 말-옮긴이)이 하늘이 무너진다며 펄펄 뛰던 불쾌한 정치적, 환경적, 사회적 사건이 이제는 불쑥불쑥 일어난다.

운이 좋은 사람들은 대재앙의 메시지를 멀리서 뉴스로 전해 듣는다. 하지만 문제는 걱정스러운 뉴스로 흐트러진 마음을 채 가다듬기도 전에 또 다른 나쁜 소식이 들린다는 것이다. 그리고 어디에선가는 기후 문제, 인종 차별, 성적 비행, 이외 사회적 불의 등의 실제 피해자가 되는 사람도 있다.

지도자에 대한 신뢰가 떨어지면서 사회 제도에 불신도 커졌다. 소득 격차는 벌어지고 경제 체제를 든든하게 받치던 중산층의 경제적 활기도 꺾였다. 총기 난사 사건은 매번 격렬한 분노와 말할 수 없는 슬픔을 불러일으키지만 사라지지 않는다. 혐오 범죄와 이주민을 향한 부당한 대우, 핵미사일 실험, 성 문제, 환경 위협이 만연하다. 독성 화학 물질과 오염 물질 사용이 초래한 환경 문제도 간과할 수 없다.

여기에 문제를 더 복잡하게 만드는 것이 있다. 자연 중심의 삶에서 벗어나 새로운 삶의 방식을 추구한 후 우리의 생체 시계는 경로를 벗어나고 말았다. 우리가 기술에 온 마음과 상상력을 뺏긴 사이 우리를 돌봐 주던 자연은 찬밥 신세가 됐다. 날이 갈수록 자연과의 교감에서 얻는 회복의 유익한 점들을 잊은 결과 우리는 신체적, 정서적 에너지가 소진됐다. 언제 위험에 부딪힐지 모르는 세상에서 늘 경계를 높인 채 사느라 더 그런지도 모른다.

이렇게 우리 정신에 단단히 똬리를 튼 불안은 무시무시하고 캄캄한 웅덩이가 돼서 새로운 걱정거리나 공포가 일어나는 족족 부정적 감정이 내던져지는 쓰레기장으로 변해 버렸다. 게다가 팬데믹인 지금, 사람들은 과연 인류의 미래가 어떻게 될지 묻고 또 묻는다. 이렇게 수백만 명이 세계가 처한 사태를 우려하고 인류의 미래까지 걱정한다는 사실은 전혀 놀랍지 않다. 사람들은 알고 싶어 한다.

'대체 무슨 일이 벌어지는 걸까?'
'불길한 예감과 무력감을 없애려면 어떻게 해야 할까?'
'어떻게 하면 나와 내가 사랑하는 사람들을 지킬 수 있을까?'

## 감당 안 되는 일들이 몰리면 퓨즈가 끊긴다

단도직입으로 우리가 찾는 것은 현재 마음속에 가득한 짜증을 없애 줄 묘책이다.

42세의 로렌을 예로 들어 보자. 로렌은 실적 좋은 정책 입안자로서 멋진 삶을 살아가는 듯 보였다. 내게 찾아왔을 당시 로렌은 입이 떡 벌어지는 연봉을 받으며 직장과 워싱턴 사교계에서 크게 인정받으며 살고 있었다. 로렌은 승승장구했으며 똑똑하고 카리스마와 매력이 흘러넘쳤다.

하지만 로렌의 속은 곪아 있었다. 그녀는 시시각각 달라지는 기분 탓에 일에도 지장을 받을 정도로 정서적으로 불안정한 상태에서 고군분투하고 있었다. 들려오는 뉴스마다 걱정스러운 소식뿐이라 한시도 마음을 놓지 못했다.

그래서 남자 친구를 사귀었지만 그리 맞지 않는 사람을 만나 한바탕 매달리고 화내기를 반복하다가 뒤늦게 후회했다. 별별 수를 써 봐도 소용없을 때면 과식과 과음을 했고 괴로운 상황을 잊으려는 마음에 코카인에도 손댔다. 이 생활은 패턴이 됐다.

그러던 어느 날 유난히 견디기 힘든 주말을 보낸 로렌은 '더는 안 되겠다'고 판단하고 자신의 파괴적인 패턴을 끊기로 마음먹었다. 그리고 내게 도움을 구하러 왔다.

그녀에게 상황을 전해 들으니 로렌의 상태는 명확해 보였다. 자기가 챙겨야 할 일이 너무 많은데 제 기능을 못하는 정치, 인권 침해, 재난, 기후 위기로 인한 계속된 위협 등 끊이지 않는 나쁜 뉴스에 빠져 허우적대다 보니 세상이 산산조각이 날 것 같은 기분을 느낀 것이다.

이 패턴이 계속되자 스스로 어떻게 할 수 없다는 무력감이 강해졌다. 게다가 자라면서 겪은 혼란스러운 상황까지 다시 떠오르면서 부정적 감정에 더 강렬하게 휩싸이게 됐다.

# 나는 가만히 있는데
# 왜 더 힘들어질까?

많은 사람이 당장 오늘내일 터질지 모르는 위기나 재앙을 걱정하며 산다. 이 두려움은 우리의 머리 꼭대기부터 마음속 깊은 곳까지 스며 있다. 수많은 설문 조사 결과가 보여 주듯이 최근 몇 년 사이에 사람들이 느끼는 스트레스, 걱정, 분노가 더 심해졌다.

2017년 미국정신의학회에서 미국 전역의 성인 1,019명을 설문 조사한 결과 '자신과 사랑하는 사람을 안전하고 건강하게 지킬 생각에 극도로 또는 다소 마음을 졸인다'고 응답한 사람이 전체 3분의 2에 달했다. '재정 상태 또는 일상생활에 미치는 정치의 여파 때문에 극도로 또는 다소 마음을 졸인다'고 응답한 사람도 절반이 넘었다.

이듬해에 미국정신의학회가 다시 같은 설문 조사를 해 보니 응답자의 39%가 '전년도보다 근심이 커졌다'고 답했다. 특히 '자신의 안전, 건강, 재정 상태, 인간관계, 일상생활에 미치는 정치의 여파에 걱정이 늘었다'고 답했다.

## 나를 불안케 하는 문제들

급격히 높아진 사람들의 불안 수치 외에 집단적인 정서적 염증의 촉발 요인들을 보면 지금 무슨 일이 벌어지는지 알 수 있다. 비유하면 거울이 가득한 공포스러운 집에 사는 것과 같다. 왜곡되고 심란한 뉴스들이 파도 처럼 몰아닥칠 때가 많기 때문이다.

가짜 뉴스가 우리 문화에 스며든 데다가 가짜 뉴스보다 훨씬 더 왜곡해 사실을 오도하는 딥페이크 비디오(deepfake video, AI 기반 기술로 만든 거짓 동영상-옮긴이)도 쉽게 볼 수 있다. 둘 다 사람들 사이에 불신이 싹트게 해서 누구를 또는 무엇을 진실이라고 할 수 없게 만든다.

도덕적 현기증이 만연한 시대다. 한때는 영웅, 우상, 롤 모델이었으나 이제는 불명예를 안고 추락한 사람이 하루가 멀게 늘어난다. 연예계, 정치 계, 언론계, 예술계 등 여러 분야에서 막강한 영향력을 행사하고 추앙받던 사람들이 성추행 또는 성폭력 혐의를 받는다. 몇몇 사람은 자신의 특권을 이용해 자녀를 유명 대학에 보내려고 뒷돈을 대거나 뇌물을 건넨다.

이런 소식이 우리의 공분을 산다. 오죽하면 세상이 윤리적으로 끝없이 추락하고 주변에서 극단적인 일이 너무 많이 일어난다고 느껴질 때도 있 겠는가?

'의료 서비스의 가격 / 정부의 지출과 예산 부족 / 굶주림과 노숙 / 약물 사용 / 범죄와 폭력 / 환경 문제 / 소득과 부의 분배 방식 / 총기 획득 가능 성 / 사회 보장 제도 / 인종 간의 관계'

2019년 갤럽이 미국 전역의 성인 1,039명을 무작위로 선정해 조사한 '걱 정되는 문제 10가지'다. 정서적 염증을 불러일으키는 이런 많은 문제가 우 리의 통제권을 벗어나 있다.

2018년 3월 〈USA 투데이〉의 여론 조사에 따르면, 13~24세의 가장 큰 걱정거리는 학교 등 곳곳에서 일어나는 총기 폭력이었다. 18세 이하 응 답자 중 이 문제가 심각하다고 답한 사람은 53%에 달했다.

미국심리학회가 발표한 '2017 미국의 스트레스'에 따르면, 미국의 성인 대다수는 '지금이 역사상 가장 불행한 시대이며 나라의 앞날을 생각하면 큰 스트레스를 받는다'고 응답했다. 주된 이유로는 현재 미국의 정치 분위 기, 사회 분열, 의료와 경제적 안정에 드는 염려를 꼽았다.

당신은 이 10가지 중 몇 가지나 문제라고 생각하는가?

잠재적 위협이 다방면에서 몰아닥치고 때로는 동시에 나타나 괴롭힌 다. 그럴 때면 우리가 사는 이 세상이 한없이 허술해서 지붕이 뚫린 집 같다는 생각이 든다.

그런데 늘어나는 갖가지 위협으로부터 대중을 지켜야 하는 위치에 있는 사람들은 서로 티격태격하며 자신의 이득을 찾는 데만 급급하다. 지붕 없는 집을 고쳐야 할 사람들이 제대로 처신하지 않고 자신이나 동료가 망쳐 놓은 책임과 수습을 회피하고 있다. 우리가 위험을 느끼는 것도 어찌 보면 당연하다.

## 불행의 골짜기에 빠진 지금

우리는 불안한 시대와 상황을 도무지 피할 수 없다. 갤럽은 〈2018년 세계 감정 보고서〉에서 전 세계 146개국의 성인을 대상으로 진행한 15만 4,000건의 인터뷰를 토대로 이런 결론을 내렸다.

"지금 세계는 전체적으로 그 어느 때보다 많은 스트레스와 걱정에 짓눌려 깊은 슬픔과 고통에 빠져 있다."

2019년 보고서라고 더 나은 것은 아니었다. 전 세계적으로 걱정과 슬픔은 이미 최고치를 갱신하고 분노 수치는 훨씬 더 높아졌다.

〈포드 2018 트렌드 리포트〉에 따르면, 미국 성인의 70%가 '오늘날 세상 사람들이 겪는 괴로움 때문에 감정이 버겁다'고 응답했으며 세계 곳곳의 성인 중 절반은 날마다 쏟아지는 뉴스를 따라가느라 스트레스를 받는다고 답했다.

나라마다 개인이 느끼는 걱정과 스트레스 요인은 다르다. 하지만 대부분 사람은 자신의 나라가 잘못된 방향으로 가고 있다고 생각될 때 괴로움을 느낀다. 25개국 사람들을 대상으로 벌인 최근 설문 조사에서 이들의 주된 걱정거리는 실업 문제였고 금융과 정치의 부패, 빈곤, 사회적 불평등이 뒤를 이었다.

멕시코에서는 개인의 안전 문제가 주된 스트레스 요인이다. 아프가니스탄과 예멘에서는 전쟁과 인도적 위기가 가장 높은 순위를 차지한다. 영국 사람들에게는 금전, 일, 건강 문제가 가장 큰 골칫거리지만 호주 사람들은 늘어나는 생계비 걱정이 먼저다. 나라마다 촉발 요인은 조금씩 다르지만 분명한 사실은 전 세계인이 갖가지 이유로 상처받고 있다는 것이다.

자살이나 약물로 인한 절망이 초래한 죽음이 점점 늘고 있다. 미국 질병통제예방센터에 따르면, 1999년부터 2016년까지 미국인의 자살률은 25% 이상 늘었다. 정신 건강 질환으로 진단받지 않았으나 자살로 숨진 사람은 54%가 늘었다.

이는 성인에게만 해당하는 문제가 아니다. 1999년부터 2014년까지 10~19세 아동과 청소년의 자살률은 33%가 증가했는데 10~14세의 비율이 가장 높았다. 2019년 통계를 보면 성차도 좁아졌다. 스스로 자기 목숨을 끊는 여아와 여성이 과거보다 많아졌기 때문이다.

2013년에서 2018년 사이 미국에서 주요 우울증을 진단받은 사람의 수는 33%가 증가했다. 그중에서도 젊은 성인은 47%, 청소년 남아는 47%나 높아졌고 여아는 무려 65%나 급등해 수치가 두드러졌다.

미국 질병통제예방센터에서 실시한 2019년 '청소년 위험 행동 조사'의 결과를 보면 불행감이 상승했다. '일정 기간 떨칠 수 없는 슬픔이나 절망감을 느꼈다'고 응답한 고등학생의 비율이 2007년부터 2017년 사이에 급격히 늘어났다. 2017년에는 설문 조사에 참여한 전체 학생의 3분의 1이 이런 끈질긴 감정을 경험했다고 답했다. 참고로 이 설문 조사에서 '떨칠 수 없는'이란 최소 2주간 평상시 활동의 일부를 중단할 정도로 거의 매일 이런 감정을 심하게 느낀 경우를 가리킨다.

이 통계를 고려하면 날이 갈수록 우리가 정서적 염증을 겪는 빈도가 잦아진다는 사실은 의심할 여지가 없다.

# 나의 통제력을 뺏는 것들

매일 세계 곳곳의 온갖 나쁜 소식을 듣는 것은 결코 쉬운 일이 아니다. 하지만 우리는 정서적 염증의 요인을 어느 정도 통제할 수 있다. 때로는 나 자신이 문제의 원인이라는 사실도 알아야 한다.

인류는 갈수록 많은 화학 물질, 독성 물질, 금속 등 오염 물질로 공기, 물, 땅을 오염하면서 소중한 보금자리인 지구를 더럽히고 있다. 우리는 온실가스 배출로 피해를 더해 가며 위험할 정도로 많은 탄소 발자국을 남기고 있다.

다행인 것은 많은 문제의 원인이 우리에게 있으므로 이를 바로잡을 주체도 우리라는 사실이다. 더 많은 사람이 자기 몫을 다해 상황을 개선하는 데 이바지해야 한다.

한편 각자가 경험하는 정서적 염증의 몇몇 요인은 충분히 자기 힘으로 통제할 수 있다. 바로 생체 시계를 바로잡는 것이다. 많은 사람이 생체 시계와 어긋나게 산다. 우리는 너무 많은 시간을 기기와 함께 보내는 탓에 쉬는 시간도, 생각에 잠기는 시간도 누리지 못하고 있다.

신체가 어둠의 유익을 누려야 할 때 밝은 실내조명에 노출되면 생체 시계가 망가진다. 이를 '사회적 시차'라고 한다. 이 증후군은 체내 생체 시계에 근거해 신체가 요구하는 조건과 일, 가정생활 등 생활 요인에 따른 요구 사항이 갈등을 빚는 현상이다. 사회적 시차는 단순한 짜증이나 불편함을 넘어 정서적 평형 상태와 인지 기능을 해칠 수도 있다.

## 부담감, 소외감, 열등감

기술 덕분에 삶이 편해지고 효율성이 높아진다. 하지만 갈수록 기술에 더 의존하면서 치르는 대가가 있다. 여러 연구를 살펴보면 기술을 동원해 여러 과제를 동시에 처리하는 것이 한 번에 하나씩 과제를 수행할 때보다 오히려 생산성과 성과가 떨어짐을 알 수 있다. 우리는 이런저런 활동을 한꺼번에 해내려고 애쓰지만 오히려 이것이 더 큰 부담을 가져오는 것이다.

미국 스트레스 연구소의 회원이자 자문 위원인 하이디 한나(Heidi Hanna) 박사는 지적했다.

"아침에 일어났는데 오늘 일을 완수할 시간이 부족하다는 느낌이 들 때, 뇌는 만성 스트레스 상태에 돌입해 모든 에너지와 주의력을 앗아 간다."

이런 중에 기술은 끊임없이 집중을 방해한다. 신호음, 벨소리, 진동, 번쩍이는 알림 때문에 휴대 전화나 컴퓨터를 확인하려고 하던 일에서 주의를 빼앗기기 때문이다. 우리가 의존하는 디지털 기기가 정상적인 작동을 멈추면 어떤 일이 벌어지는가? 가끔 이런 상황이 되면 다들 어떻게 대처하고 행동할지 몰라 망연자실하고 공황에 빠지기까지 한다.

한번 생각해 보자. 최근 파일을 백업해 두지 않았는데 노트북이 망가진다면 몇 주간 수고한 작업이 한순간에 날아갈 것이다. 인터넷 연결이 끊겨 중요한 문서를 메일로 보내지 못한다면 동료와 원활하게 의사소통하거나 일을 진척시키기가 어려울 것이다.

휴대 전화가 먹통이 돼 내비게이션 기능을 쓸 수 없게 된다면 원하는 목적지까지 어떻게 갈 것인가? 누구에게 어떻게 도움을 요청할 것인가? 다른 이에게 전화를 빌려 원하는 사람에게 도움을 청해야 하는데 그의 전화번호를 기억하고 있기는 한가?

이런 형태의 테크노스트레스(technostress, 첨단 기술에 부적응 또는 과잉 적응해 나타나는 정신적 증상의 총칭-옮긴이)는 우리의 안녕을 서서히 좀먹는다.

최근 몇 년간 기하급수적으로 늘어난 소셜 미디어 사용도 정서적 평형 상태를 깨뜨리는 원인이다. 페이스북, 스냅챗, 인스타그램, 트위터로 사람들과 관계를 유지하는 것은 실제로 만나서 하는 소통을 충분히 대체하지 못한다.

한 연구에서 소셜 미디어를 가장 많이 사용하는 19~32세 성인은 같은 채널을 가장 적게 사용하는 연령층보다 사회적으로 소외감을 느낄 확률이 두 배 높게 나타났다. 디지털 기기에 열중하는 시간이 과도해서 실제로 누군가를 만나 상호 작용할 기회는 줄어들기 때문일 것이다. 게다가 다른 사람들이 참여하거나 참여하는 듯한 실제 활동을 보고 있으면 포모(FOMO, 자신만 소외당하는 것 같은 두려움)를 느낄 수 있고 남들에 비해 자신만 기준에 미치지 못한다는 열등감과 싸워야 할 수도 있다.

2018년에 바이스(Vice)는 세계 곳곳의 영향력 있는 지식인 105명에게 '미래에 가장 걱정하는 것'을 묻고 자유롭게 답하게 했다. 사람들이 꼽은 문제 순위에서 상위를 차지한 것은 '디지털 기술, 자동화, 인공 지능 중에서 치우친 알고리즘에 관한 우려, 투명성과 책무성 부족, 사람들이 실직 상태로 내몰릴 가능성' 등이었다.

어떤 경우든 무지근한 정서적 고통 속에서 깊은 외로움, 부적절함, 소외감을 느끼게 되므로 결과는 같다.

## 우리가 잃어버린 감정

온라인 교류가 그렇게 활발한데도 사람들은 뜻밖의 반응을 드러냈다. 2018년 미국 전역의 성인 2만 명을 대상으로 한 온라인 설문 조사에서 절반에 가까운 사람이 '때때로 또는 항상 외로움이나 소외감을 느낀다'고 응답했고, 43%는 '자신이 맺는 인간관계가 무의미하게 느껴진다'고 답했다. '친구나 가족과 매일 얼굴을 마주하고 사회적으로 의미 있는 상호 작용을 하고 있다'고 답한 사람은 53%에 그쳤다.

여기에 눈에 보이지 않는 기회비용이 있다. 우리는 디지털 기기를 바라보느라 시간을 보내다가 어느새 발 딛고 사는 땅과도 동떨어지게 됐다. 인간이 자연과의 연결 고리가 끊어지고 심지어 자연에서 소외당하게 된 것이다. 이런 단절이 초래하는 부차 피해는 경이와 감탄의 감각을 잃는다는 것이다.

붉으락푸르락하면서 교통 체증을 뚫고 출근해 산더미처럼 쌓인 일을 처리하느라 고군분투하는 사람, 최근 국내외 위기 상황을 온갖 매체로 접하는 사람은 경이감을 느끼기 어렵다. 경이감이야말로 우리가 정서적, 사회적, 영적으로 회복하는 데 도움이 될 독보적인 감정이다.

캘리포니아 대학교 연구 팀은 경이감을 자아내는 경험을 한 후 참여자 사이에서 친사회적 행동이 증가했다는 것을 확인했다. 다시 말해 타인에게 관용을 베풀고 윤리적 행동에 관심을 보일 가능성이 높아졌다는 것이다. 경이의 경험은 특권 의식도 낮춘다.

우리는 어떻게든 감정의 주도권을 되찾을 방법을 배우고 정서적 안녕을 올바른 궤도 위에 올려놓을 수 있다. 이제 나의 정서적 고통과 동요를 펼쳐 놓고 하나하나 확인하자. 그렇다면 나 자신을 더 잘 파악하고 내 감정을 휘두르는 요인을 다스리는 데 필요한 구체적인 조치를 할 수 있다.

생각과 긴장을 다스리고 주기적으로 몸을 움직이고 장 건강을 개선하고 살아가면서 내리는 결정에 더 신중해진다면 내면에서 일어나는 정서적 동요를 가라앉힐 수 있다. 이것이 정서적 염증을 치료하는 확실하고 실질적인 요법이다.

이런 방법을 습관처럼 능숙하게 하기란 쉽지 않겠지만 실천의 첫발을 내딛기는 어렵지 않다. 안타까운 사실은 그동안 우리는 손쉽게 할 수 있던 자연적인 치료법을 잃어버렸고 이를 깨닫지도 못한다는 것이다.

# 감정이 인생을 좌우한다

걱정은 우리 마음의 소중한 한 자리를 차지해 버린다. 그 결과 주변의 위협에 골몰하기도 하고 일어나지 않을 불길한 상황을 자꾸만 떠올리기도 한다. 미국 의학 뉴스 웹 매거진 〈메디컬뉴스투데이〉 2018년 9월 호에 실린 한 기사는 이렇게 지적했다.

"많은 사람에게 불안은 초대 없이 들어와 떠나지 않는 손님 같다. … 불안은 몸으로 옮지 않지만 역병처럼 사회 속에 사납게 돌진해서 사람들의 집단 정신 한구석에 희미한 잠음을 심는 듯하다."

나는 대다수 정서가 그렇듯 불안도 전염성이 매우 높다고 생각한다. 감정은 1,000분의 2~3초 만에 사람 간에 전달될 수 있는데 영향을 받는 사람은 이 사실을 전혀 인식하지 못할 때가 많다.

## 공감 능력이 지능이라는 말의 근거

사람은 다른 사람과 대화를 나누는 동안 무의식적으로 상대의 표정, 몸짓, 말투, 음색을 모방한다. 여기에 자신의 행동을 일치시켜 동화되려는 경향을 보인다. 이때 미묘한 수준에서 얼굴과 몸의 근섬유가 활성화된다. 외부에서 받은 자극이 전혀 없어도 미세하게 근육이 움직이면 정서가 일어날 때와 똑같은 뉴런이 활성화되어 실제로 뇌에서 감정을 유발한다.

'거울 뉴런'이라고 불리는 이 독특한 뇌세포는 매우 흥미로운 특성을 보인다. 거울 뉴런은 자신의 감정이나 욕구에 대응하거나 다른 사람의 행동에 대응할 때 활성화된다. 즉 미소 짓기, 찡그리기, 주먹 쥐기 등 어떤 표정을 짓거나 행동을 할 때뿐 아니라 누군가가 이와 똑같이 행동하는 모습을 볼 때도 거울 뉴런이 발화되는 것이다. 이는 나이나 삶의 단계와 관계없이 모든 사람에게 똑같이 적용된다.

유난히 타인의 감정을 잘 알아차리는 사람이 있다. 한 연구 팀은 보통 사람보다 타인의 정서와 주변 환경을 잘 파악하고 대응하는 성향인 '감각 처리 민감성'을 지닌 사람들에게 신경학적 실험을 했다. 우선 피실험자에게 그들의 연인이나 낯선 사람의 긍정적, 부정적 표정이 담긴 컬러 사진을 모니터로 보여 줬다.

이후 기능적 자기 공명 영상(fMRI) 기법으로 참여자의 신경 반응성을 살폈다. 그 결과 민감도가 매우 높은 사람은 그렇지 않은 사람보다 주의, 행동 계획, 감각 정보 통합, 공감과 연관된 뇌 부위가 더 많이 활성화됐다.

집에서든 직장에서든 '본 대로 배우는' 원초적인 정서 변화는 환경과 상황 적응에 매우 유익하다. 그 덕분에 위험, 위협, 흥분 또는 주변 사람의 기분을 감지할 수 있다. 이런 보이지 않는 능력을 활용해 자신을 보호하고 다른 사람에게 환영을 받고 연민을 표하며 적절한 행동으로 가족이나 친구나 동료에게 도움을 줄 수 있다. 공감은 혼란한 세상을 살아가면서 꼭 갖춰야 할 소중한 특성이라는 점에 의심할 여지가 없다.

물론 정서가 지나치게 전염될 때도 있다. 특히 주변 사람이 불안, 두려움, 절망 같은 부정적인 감정에 휩싸여 있을 때가 그렇다. 이런 상황에서 민감도가 높은 사람은 스스로 자기 마음을 지킬 줄 알아야 한다. 다른 곳에 전화를 건다든지 화장실에 다녀오는 방법으로 함께 있는 사람에게서 잠시 떨어져 있거나, 대화의 흐름을 덜 심란한 주제로 유도하거나, 유리 방패로 자신을 보호하고 있다고 상상하듯 시각화 기법을 활용해 상대의 정서에 걸려들고 물들지 않도록 해야 한다.

## 불안을 통제하지 못하면 겪는 문제

정서적 염증은 우리가 상상할 수 있는 모든 방식으로 신체, 마음, 정신에 영향을 준다. 한 예로 불안이 높은 상태가 계속되면 우리 몸은 '싸움 혹은 도주' 반응 상태로 대기한다. 교감 신경계가 긴장 상태를 유지해 스트레스 호르몬인 코르티솔과 아드레날린을 다량 분비하기 때문이다.

두 스트레스 호르몬은 심장 박동, 호흡, 혈압을 높여 심혈관계에 부담을 준다. 면역계, 내분비계, 신경계에도 영향을 미친다. 그 결과 통증 반응이 급격히 높아지고 임신 가능성도 떨어질 수 있다. 이 모든 생리적 문제가 쌓이면 이상성 부하(allostatic load), 즉 스트레스로 뇌와 신체가 마모되는 현상이 나타난다. 이는 높은 스트레스 호르몬 수치가 만성화되거나 반복적으로 나타날 때 발생하며 노화를 촉진한다.

문제는 또 있다. 안전하지 않다는 느낌, 과민함, 과잉 반응, 미래에 대한 두려움은 수면 장애와 섭식, 음주, 흡연 등 행동 변화를 불러일으킬 수 있다. 이와 함께 무력감, 절망감, 체념성 분노, 좌절감도 느끼게 한다. 새로운 정보를 익히고 기억하는 능력과 집중력까지 손상시켜 인지 능력이 저하될 수 있다. 예기 불안은 뇌의 신경 활동을 교란해 의사 결정 능력을 마비시킨다. 뇌에서 위기와 두려움을 처리하는 곳과 보상을 처리하는 곳의 활동이 저하되기 때문이다.


이런 변화가 생기면 선택과 결정이 달라진다. 여러 선택지가 불러올 긍정적인 결과와 자신이 예견한 부정적인 결과를 평가할 때 부정적인 쪽에 더 무게를 싣게 되기 때문이다. 사람은 안정감이 사라졌다는 느낌이 들면 공허하거나 표류하는 듯한 기분이 들어서 자신과 타인에게 소외감을 느낄 수 있다. 이 모든 변화가 정신적 위기에 빠진 듯한 기분을 들게 한다.

일상의 전반적인 불안은 생활과 일의 방식에 제동을 건다. 이는 우리의 안녕과 삶의 질을 떨어트릴 뿐 아니라 정상적인 역할 수행까지 방해한다. 어떤 사람들은 이 불편한 기분을 느끼지 않으려고 자신의 감정에서 도망쳐 주위를 환기한다. 또는 의식적으로든 무의식적으로든 자신을 몰아붙여 더 많은 활동이나 자극을 좇아 정신없이 시간을 보낸다. 이와 달리 외부와 접촉을 끊거나 홀로 떨어져 있는 사람이 있는가 하면 언짢은 기분에 빠지거나 끊임없이 초조해하는 사람도 있다.

## 비 온 뒤에 땅이 굳어지듯

아무리 불편해도 이런 감정이 우리에게 중요하다는 것만큼은 꼭 인식해야 한다. 인간은 부정적 감정 덕분에 진화하고 생존하고 적응하며 수완을 발휘하고 창의적으로 난관을 해결해 왔다. 또 연민을 느낄 줄 알게 하는 불안한 감정이 곧 공감과 이타심의 바탕을 이룬다.

감정은 가치를 좌우하기도 한다. 무언가를 깊이 신경 쓴다는 것은 우리에게 바람직한 힘을 실어 주고 어떤 방향으로 나아갈지 길을 제시한다. 하지만 감정에 휘둘리면 통제력을 잃어버릴 수 있다. 물론 이런 정서에는 어마어마한 에너지도 들어 있다. 감정을 잘 다스려 더 좋은 방향으로 나아갈 방법을 찾는 것은 각자의 몫이다.

자신의 감정을 파악하고 점검하면 성장할 수 있다. 인생의 문제에 더 탄력적이고 용감해질 수 있다. 삶의 맹점을 찾아 메우고 타인과 상호 작용하는 방식을 개선할 수도 있다. 그러니 이를 위기로만 보지 말고 기회로 여기는 자세를 갖자.

인간은 역경을 딛고 일어나 성장하고 경험에서 교훈을 얻는 엄청난 능력을 지녔다. 논쟁의 여지가 있지만 내 연구 분야에 '외상 후 성장'이라는 개념이 있다. 이는 심각한 질병이나 부상, 사랑하는 사람의 죽음, 자연재해 등 어려움을 겪은 뒤에 심리적, 정서적, 사회적으로 유익한 변화를 경험하는 것을 가리킨다.

미국의 퇴역 군인 3,157명을 대상으로 한 연구에서 전체의 절반은 가장 충격적인 사건을 겪고 최소한 중간 정도의 외상 후 성장을 경험했다고 말했다. 과거에 외상 후 스트레스 장애로 판정받은 퇴역 군인의 72%도 일종의 외상 후 성장을 경험했다고 말했다.

여기서 콜로라도 대학교의 컴퓨터 과학, 창의적 기술, 정보 과학, 항공 우주 공학 분과 교수인 대니얼 자피르(Daniel Szafir) 박사의 말을 새겨 볼 만하다.

"우리 손안에 성공의 열쇠가 있다. 우리는 역경 앞에서 놀라운 탄력성과 창의력을 발휘하고 선대의 지식과 발전을 발판 삼아 인생을 사는 동안 자신을 끊임없이 개선할 수 있는 독특한 능력을 가졌다. 이 글을 읽고 있다면 지금 이 순간 살아 있다는 것 자체가 엄청나게 운이 좋은 것이다."

# 2장

# 나는 일, 사람, 인생을
# 어떻게 대하는가?

"자신감이 없다면 우리는 요람에 누운 아기와 마찬가지다."

-버지니아 울프(Virginia Woolf)

20세기를 대표하는 영국 소설가 겸 비평가

# 감정을 알아야 문제를 해결한다

　사람마다 체형과 체격이 다르듯이 정서적 염증도 사람마다 형태와 방식이 다양하다. 내가 겪는 정서적 염증이 내 친구나 사랑하는 사람의 증상과 같다고 생각하면 오산이다. 우리는 각자의 방식으로 스트레스, 걱정스러운 뉴스, 잠재적 위협, 현재 세계 상황에 반응한다.

　이 대응 방식은 선천적 기질, 과거 경험, 유전적 성향, 평상시 사고방식, 성격, 생활 습관에 따라 생리적, 인지적, 심리적, 정신적으로 다르게 나타난다. 한 가정 안에서도 구성원이 표출하는 반응은 매우 다양하다.

　한 예로 잘나가는 로비스트인 에드워드의 경우, 평소 직장에서는 창의력과 카리스마와 침착성을 발휘하지만 집에서는 다르다. 옆집에 걸린 보수적인 정치 선전물, 10대 아들의 반항적인 행동을 보고 스트레스를 받을 때면 과격한 반응이 튀어나온다. 쉽게 흥분하고 인신공격을 서슴지 않고 실제로는 일어나지 않을 최악의 상황까지 상상한다.

반면 아내 스텔라는 천성이 현실적이고 신중해서 가족 간에 다툼이 벌어지면 심판이나 중재자 노릇을 할 때가 많다. 하지만 사실 스텔라가 원하는 것은 그 자리를 벗어나 훌쩍 바람을 쐬러 가는 것이다.


두 사람이 부부 상담을 받고 나서야 에드워드는 자신의 방식이 모두에게 얼마나 해로운지 알게 됐고 스텔라는 자신이 그렇게 반응한 탓에 정서적 염증이 생겼다는 것을 깨달았다.

## 왜 누구에게는 친절하고 누구에게는 신경질적일까?

그동안 느낀 과잉된 감정이나 전반적인 분노 또는 두려움을 해소하기 전에, 자신의 정서적 염증이 어떤 형식과 내용을 띠는지부터 파악해야 한다. 그렇지 않으면 병명도 모른 채 상처나 병을 치료하겠다고 나서는 것이나 다름없다. 발목이 접질렸을 때는 냉찜질과 압박이 효과적인데 반대로 붓기를 악화하는 온찜질을 한다거나 감기에 걸려 코가 막혔는데 엉뚱한 약을 복용하는 것과 같은 이치다.

다시 말해 감정을 누그러뜨리고 길들이기 전에 지금의 문제를 알아내야 한다. 자신의 반응을 규명하고 여기에 이름을 붙이고 나서야 비로소 감정을 통제할 수 있다.

여기서 참고해야 할 배경 지식이 있다. 인간관계의 역동성, 다른 사람에 대한 지각과 이를 활용하는 능력 등 타인의 정서를 파악하는 능력을 가리켜 '사회 지능(social intelligence)'이라고 한다. 사회 지능이 높을수록 주변에서 일어나는 감정적 사건뿐 아니라 생산적으로 상호 작용하고 협력할 방법도 더 빠르고 정확하게 알아낼 수 있다.

이와 달리 '정서 지능(emotional intelligence)'은 자기 내면의 감정 상태를 파악하는 능력이다. 정서 지능이 높을수록 순간순간 달라지는 자신의 감정을 더 정확하게 이해하고 파악할 수 있다. 두 가지 지능 모두 정서적 염증의 요인에 반응하는 데 영향을 미친다.

누구에게나 큰 반응 유형이 있긴 하지만 상황이나 상대에 따라 행동이 달라지기도 한다. 사랑하는 사람, 친구, 동료, 낯선 사람과 상호 작용할 때 행동이 각각 다를 수 있다. 사회적, 정서적으로 지능이 뛰어난 사람은 눈앞의 상대와 상황에 맞게 자신의 방식을 조절할 줄 안다.

여기서 목표는 자신의 충동을 파악하는 것이다. 그래야 인생길에서 만날 급커브나 깊은 구멍을 잘 헤쳐 갈 테니 말이다. 몇 주, 몇 달, 몇 년이 흐르면 불안, 우울, 슬픔의 양상이 변해 가듯 처음에 알아낸 자신의 특정한 반응도 시간이 지나면 달라질 수 있다는 점도 꼭 기억하길 바란다.

이제 해야 할 일은 현재 경험하는 정서적 염증의 특징을 규명하고 이를 다스리는 것이다. 그리고 정서적 평형 상태를 회복할 효과적인 조치를 취하는 것이다. 자신의 촉발 요인과 반응을 알면 자신만의 정서적 염증을 해소할 최고의 방법을 찾아내 몸과 마음을 회복할 수 있다.

# 나의 반응 유형 알아보기

다음 문항들은 네 가지 감정 반응 유형 중 자신이 어디에 속하는지 알아보도록 고안됐다. 제시된 특정 요인에 자신이 두 가지 이상의 감정이나 반응을 보인다고 생각할 수도 있다. 그것은 지극히 자연스러운 현상이니 안심해도 된다. 많은 사람이 혼합된 정서적 염증을 경험한다. 현재 겪고 있는 혼돈과 위기에 대한 반응, 마음속 깊은 곳의 두려움과 걱정, 각자의 사고방식이 뒤섞여 있기 때문이다.

※ 자신을 알아보는 첫 번째 과정이다. 질문을 읽고 공감되는 반응을 체크하라. 잠시 스쳐 지나가는 생각이어도 괜찮다.

※ 나의 반응을 정확히 설명하는 선택지가 없다면 가장 가까운 것을 골라라.

※ 질문마다 하나 이상의 답변을 골라도 좋다.

※ 옆에서 지켜보는 사람은 아무도 없으니 자신의 반응을 평가하거나 검열하지 마라. 최대한 자신에게 솔직한 태도로 응답하길 바란다.

## 반응 유형 테스트

1. 운전할 때, 통근할 때, 개를 산책시킬 때, 샤워할 때처럼 의식적인 사고가 필요치 않은 일을 하는 동안 마음을 종잡을 수 없다. 무슨 이유 때문인가?

a. 내 삶 또는 이 세계에 일어날 최악의 상황을 상상하고 있을 것이다.

b. 인생에 더 많은 통제력을 행사하기 위해 내가 할 수 있거나 해야 할 일을 궁리하고 있을 것이다.

c. 다른 사람에게 짜증이 나고 인류에 좌절감이 들어서 그런 감정을 표출하고 싶은 상태일 것이다.

d. 보통은 그저 그날 하루를 어떻게 보낼지 생각한다. 여기서 좀 더 나아간다면 내 주변의 갈등과 적의로부터 나를 어떻게 보호할지 상상한다.

2. 가장 걱정스럽거나 신경 쓰이는 문제를 생각할 때 자연스럽게 나오는 반응은 무엇인가?

a. 조마조마하거나 당황스러워하고 아주 작은 스트레스에도 지나치게 불안해할 것이다.

b.  문제를 해결할 방법을 찾아내 행동에 나서고 다른 사람들도 나와 함께하
    도록 만들 방법을 찾느라 바빠질 것이다.

c.  신경이 예민해져서 타인의 사소한 잘못도 맹렬하게 비난한다.

d.  좋아하는 드라마 몰아 보기, 반려동물과 시간 보내기, 기분을 전환할 다른
    활동 등 쉬운 일로 나 자신을 위로할 방법을 찾을 것이다.


3.  근래 가장 많이 꾸는 꿈은 무엇인가?

a.  길을 잃거나, 캄캄하고 으슥한 공간에 갇히거나, 위협적이거나 의심스러
    운 사람에게 둘러싸인 절체절명의 상황.

b.  운전하는데 브레이크가 제대로 작동하지 않거나, 시간이 촉박하다는 느
    낌이 들거나, 무언가 내 위로 떨어지는 상황.

c.  누군가가 나를 부당하게 대우하거나 내 체면을 깎거나 나를 괴롭히는 상
    황. 또는 잘못을 저지른 타인에게 앙갚음하는 상황.

d.  잔잔한 바다에 둥둥 뜬 상태로 멀리 있는 육지를 바라보고 있지만 그리로
    가고 싶지는 않은 상태.


4.  스트레스에 짓눌릴 때 주로 어떤 상황이나 행동이 기분을 더 나쁘게 만드
    는가?

a.  나와 비슷한 걱정을 하는 다른 사람의 이야기. 남의 두려움과 걱정거리를
    듣고 있으면 내 걱정마저 깊어진다.

b.  느긋하게 마음을 편히 가지라는 말. 특히 내가 신경 쓰는 문제가 얼마나

시급한지 모르는 사람이 그런 말을 하면 더 기분이 나쁘다.

c. 내 신념이나 가치, 현재 이슈에 대한 나의 견해에 이의를 제기하는 사람들 사이에 있을 때.

d. 사람들과 떨어져 있거나 나만의 시간이 필요한데 이를 게으르다거나 반사회적이라고 손가락질하는 것 같을 때.

5. 뉴스에 뜬 추문, 각종 위기와 위협에 관한 내용을 보면 주로 어떻게 반응하는가?

a. 마음이 초조해지고 때로 나의 평정심을 깨뜨리는 사건들에 대처하기가 어렵다는 생각이 든다.

b. 지금 벌어지는 일을 잘 알아야 한다는 생각에 경계심을 높이려고 잔뜩 긴장할 때가 많다.

c. 세상이 이렇게 난장판이 됐다는 사실에 진절머리가 나서 내게 이의를 제기하는 사람에게 적개심이 생긴다.

d. 에너지를 소모하지 않으려고 뉴스도 최대한 피하고 사람들과도 멀리하려고 노력한다.

6. 아침에 눈 뜨자마자 가장 먼저 드는 생각과 느낌은 주로 무엇인가?

a. '오늘 하루는 어떨까?' 하는 막연한 예감과 함께 내가 직면할 모든 일을 해내기에는 기운이 달린다는 두려움이 들 때가 많다.

b. 당장 침대를 박차고 일어나 오늘 할 일에 돌입해야 되므로 갖가지 문제 때

문에 긴장할 틈이 없다.

c. 전날 내게 무례를 범한 사람이나 나를 격분하게 만든 부당한 일과 잘못된 행동에 골몰할 때가 많다.

d. 보통은 이불을 뒤집어쓰고 조금 더 잤으면 싶다.

7. 지금으로부터 10년 후의 세계는 어떨 것 같은가?

a. 폭풍, 홍수, 화재 사고가 늘어나고 사회는 제 기능을 못하고 정치적 지도력도 떨어져 어둡고 무서운 세계가 될 것 같다.

b. 혼란스러운 모습일 것 같다. 사람들은 생존을 위해 부지런히 계획을 세우고 식량을 비축해야 할 것이다.

c. 폭력과 불신이 높아질 것이다. 정치 제도가 사람들을 보호할 책임을 저버린 탓에 각자도생할 방법을 찾아야 하기 때문이다.

d. 솔직히 먼일은 생각하고 싶지 않다.

8. 정신없는 한 주를 보낸 뒤에 가족에게 저녁식사를 대접해야 한다고 상상하면 어떤 생각이 드는가?

a. 음식은 괜찮을지, 가족들이 잘 어울릴지 등 이것저것 생각하니 스트레스가 몰려온다.

b. 집도 치우고 메뉴도 고르고 음식도 준비하고 그 외 필요한 일을 해야 한다는 생각이 들면서 갑자기 폭주 기관차에 올라탄 느낌이 든다.

c. 신체적으로나 정서적으로 버거울 만큼 산더미 같은 일이 또 있다고 생각

하니 울화가 치민다.

d. 갖가지 할 일로부터 빠져나올 방법을 생각하기 시작한다. '이게 다 뭐하는 짓인가?' 싶은 기분이 든다.

9. 소중한 사람에게 목숨을 위협하는 질병이나 중대한 사고 등 나쁜 일이 일어났다는 소식을 들으면 주로 어떤 기분이 드는가?

a. 위험이 매우 가까이 다가와 마음을 놓을 수 없고 내 삶의 보호막이 차츰 닳는 기분이 든다.

b. 감정은 잠시 제쳐 두고 당장 해야 할 일부터 생각한다.

c. 인생이 너무 불공평하다는 생각이 들어 감정적으로 씨름할 때가 많다.

d. 삶은 우연에 따라 흘러간다는 사실에 집중하려고 노력한다. 그럼 몸을 사리고 나 자신을 보호하고 싶은 마음이 든다.

10. 자신의 (정치적, 개인적, 또는 부모로서의) 가치에 어긋나는 상황에 놓이면 보통 어떻게 대응하는가?

a. 대화 주제를 바꾸거나 중화해 갈등을 피하려고 노력한다.

b. 상대의 주장을 뒤집을 온갖 불의한 일과 문제를 장황하게 늘어놓는다.

c. 문제 상황에 정면으로 맞서서 다른 사람의 판단이나 행실에 의문을 던진다.

d. 즉시 그 자리를 빠져나와 다시는 그 사람들과 만나지 말아야겠다고 생각한다.

11. 엄청난 파괴력을 가진 폭풍, 반인륜적인 끔찍한 범죄, 이 밖에 속상한 사건들을 접했을 때 보통 신체적으로 어떻게 느끼는가?

a. 무기력하거나 두렵다.

b. 초조하고 흥분된다.

c. 열이 나고 긴장된다.

d. 축 처지고 몹시 지친다.

12. 내적 포부와 외적 현실이 서로를 잘 반영하거나 조화를 이루는지 생각하면 어떤 기분이 드는가?

a. 꺼림칙하고 걱정스럽다.

b. 부담스럽고 초조하다.

c. 기만당한 느낌과 환멸감이 든다.

d. 기가 죽고 애석한 기분이 든다.

# 내가 갈등을 느낀 진짜 이유

내가 선택한 a, b, c, d가 각각 몇 개인지 세어 보고 자신에 해당하는 유형을 찾아 읽어 보길 바란다. 반응 유형이 하나 이상일 경우 해당 유형을 모두 읽어 보라.

• 대체로 a를 선택했다면 '초조한' 유형이다

이 유형에 속하는 사람은 근심, 걱정, 두려움에 휩싸이는 정서적 염증을 경험한다.

근래 들어 막연하거나 원인 모를 위협 속에서 허우적댔는가? 다양한 장애물이 모습을 감춘 채 내 주위를 뱅글뱅글 돌고 있는 듯한 기분을 느꼈을 것이다. 거슬리는 대상이나 불쾌한 기분이 드는 이유는 정확히 모르겠지만 좋은 기분이 아니라는 것은 분명하다. 혹은 너무 불쾌해서 원인을 알고 싶지 않을지도 모른다. 어쩌면 머릿속에서 수많은 알람이 제각각 울리고 있을지도 모른다. 이 때문에 주의가 분산돼 정체 모를 두려움이 표면 위로 떠오르지 못한다.

연구에 따르면 이런 과잉 반응의 원인은 어린 시절에 겪은 부정적인 일일 수 있다. 학대 경험, 불안정한 가정, 가난 등이 성인기에 기분 장애와 불안 장애로 나타나는 계기가 될 수도 있다.

누구에게나 육감이 있는데 이 유형의 사람은 뭔가 옳지 않다는 것을 감지하는 감각이 뛰어나다. 이는 잠재적 위협과 변화하는 상황에 수시로 적응하도록 도와주는 중요한 본능이다. 이것의 장점은 정도와 관계없이 위험이 도사릴 때 결코 그 징조를 놓치거나 모두에게 잘못된 확신을 심어 주지 않는다는 것이다. 단점은 도저히 걱정을 멈출 수 없거나 걱정되는 문제를 더 잘 이해해 보려고 하지 않는다면 마음에 스트레스와 저항이 생길 수 있다.

이 유형의 사람에게 바람직한 해법은 지금 느끼는 불안에 올라타 도리어 에너지를 취하는 것이다. 이 방법은 뒤에서 제시될 것이다.

• 대체로 b를 선택했다면 '쫓기는' 유형이다
이 유형의 사람은 광란과 과잉 반응으로 정서적 염증을 드러낸다.

아마 이 사람은 자신이 할 수 있고 꼭 해야 한다고 느끼는 것을 무한히 나열한 목록을 가졌을 것이다. 자기 인생이나 이 세상을 바꾸려면 더 빠르게 움직여야 한다고 자신을 다그칠지도 모른다.

이렇게 끊임없이 뭔가를 해야만 하는 유형은 겉보기에는 생산적으로 보인다. 하지만 내면 깊숙한 곳에서는 진짜 자신을 괴롭히는 무엇을 외면할 수도 있다. 끊임없이 움직이는 것은 백색 소음처럼 작용해 마음속에 있을지 모를 불쾌하고 어두운 감정을 덮어 버린다.

연구자들은 이런 경향을 '부정 조급성(negative urgency)'이라고 한다. 부정 조급성은 부정적인 감정이나 스트레스를 느낄 때마다 충동적으로 행동하는 경향이다. 문제는 이렇게 행동하다 보면 자기 통제력을 상실할 수 있다는 것이다.

이런 광적인 행동 이면에는 잘못된 세상일을 바로잡는 데 헌신하고픈 마음도 있을 것이다. 그만큼 강한 에너지와 선의를 지녔다는 뜻이다. 사람들과 지구가 아파한다는 것도 알고 내가 관심을 기울여 행동으로 옮겨야 하는 문제가 매우 많다는 것도 안다.

더 노력을 기울여 효율적으로 우선순위를 세워 움직이지 못했다는 사실 때문에 자책할 필요는 없다. 그러니 이런 생각으로 자신을 밀어붙여선 안 된다. 오히려 이를 기회로 삼아 상황을 더 나아지게 만들면 된다. 중요한 것은 나만의 방식으로 또는 내가 더 잘할 수 있는 일을 찾아내 의도적, 의식적으로 행동해 나가는 것이다. 그러기 위해 자신에게 이렇게 물어보면 유익할 것이다.

'지금 가장 중요한 것은 무엇일까?'
'이 상황에서 특히 어떤 면에 효과적으로 대응할 수 있을까?'

• 대체로 c를 선택했다면 '부글부글 끓는' 유형이다
이 유형에 속한 사람의 정서적 염증은 대체로 짜증, 화, 분노로 나타난다.

여기에 해당한다면 다른 사람들의 어리석음, 욕심, 부조리함, 이기심 때문에 싸움터에 내몰리고 열세에 밀린다고 생각해 좌절감을 느끼며 '세상이 엉망진창'이라며 넌더리를 낼 것이다.

이렇게 분노에 찬 상태가 계속되면 자신의 가치나 방식에 어긋나는 사람 또는 상황에 반격하고 싶은 마음이 들 수 있다. 얼마나 짜증이 나는지 겉으로 드러내서 사람들이 좀 더 책임감 있게 행동하고 자기가 한 일에 합당한 대가를 치르게 해 주고 싶을지도 모른다. 그러다 보면 결국 수시로 분을 터뜨리고 남을 비꼬거나 자신이 옳다고 주장하고 나서는 자신을 발견하게 된다.

아주 가까운 주변이나 전 세계에 나쁜 일이 벌어져 선량한 사람들이 상처받고 있을 때 화가 나는 것은 자연스러운 일이며 불의에 대한 올바른 반응이다. 그러므로 분노를 억눌러 안으로 돌리는 것을 목표로 삼을 수는 없다.

연구에서 스트레스가 높은 과업을 행할 때 화를 억제하면 혈압이 높아질 수 있다는 결과가 나타났다. 화를 억누르는 대신 자신이 얼마나 화가 났는지 알아차리고 그 윤리적 분노와 격분을 건설적인 방법으로 해소하는 편이 바람직하다. 이를 위해 같은 분노를 느끼고 사태를 바꾸려는 의지를 공유하는 사람들을 찾아 연대하면 유익하다.

지금 그 에너지를 연료로 삼아 건설적인 행동으로 변화를 주도해 보자. 분노의 에너지를 긍정적인 방향으로 활용하라는 말이다. 변화는 한 사람이 분통을 터뜨리며 화를 발산해 자신이 머문 자리를 망가뜨렸을 때가 아니라 여러 사람이 함께 노력할 때 비로소 일어난다.

### • 대체로 d를 선택했다면 '물러나는' 유형이다

이 유형에 속한 사람의 정서적 염증은 얼어붙고 거리를 두고 철회하고 멍해지거나 무감각해지는 형태로 나타난다.

마음 깊은 곳에서는 자신의 느낌이나 행동이 아무 소용없다고 생각해 무력감, 무기력, 절망감, 체념에 빠질 수 있다. 이런 절망적인 감정은 신체적으로나 정서적으로 지치고 의욕 없고 산만하다고 느끼게 만들 수 있다. 또한 자신이나 인류가 유의미한 수준의 변화를 일궈 낼 수 있을 거라는 신념이 점차 사라져 더욱더 혼자만의 세계로 물러나고 싶어질 수도 있다.

어쩌면 이 공격적이고 경쟁적인 세상에서 자신은 온화한 성품을 지키는 사람일지도 모른다. 누군가가 다른 사람에게 불친절한 모습을 보면 마음이 아프고 때로는 영혼이 메마르는 느낌이 들어 더더욱 은둔하고 싶은 마음이 들 수도 있다. 특히 요즘 우리 문화가 서로에게 냉혹하다는 점을 고려할 때 평화와 고독과 공존을 누리기가 더 쉬운 곳에 물러나 있고픈 마음은 충분히 이해된다. 이는 일종의 대처 기제다.

하지만 이 방법은 결국 자신에게도 남에게도 전혀 이롭지 않다. 유익하기는커녕 정서적으로 게을러져 부정적인 상태에 갇혀 있다가 우울증을 얻을 확률이 높아진다는 것이 연구에서 드러났다.

자신을 추슬러 마음을 가라앉히고 자기가 감정적으로 씨름하는 추상적인 문제들을 돌아보자. 나는 자연의 일부이자 인류의 한 조각임을 기억하자. 외딴섬에 혼자 있는 것이 아니다. 이 사실을 깨닫든 그렇지 않든 당신은 주변과 조화를 이루며 소통하길 바라고 있을 것이다. 이제 꼭꼭 걸어 잠근 문을 열고 나와 올바른 방향으로 한 걸음씩 내딛을 때다.

# 감정도 방어가 필요하다

 

 

 

나의 일차적 감정과 반응 경향도 알아봤으니 이제 이 반응의 불길이 언제 어떻게 타오르는지 더욱 잘 알아차릴 수 있다. 그럼 정서적 염증이 주기적으로 자신에게 어떻게 영향을 미치는지 더 잘 의식할 수 있다. 이것이 나를 더 나은 위치에 올라서게 하고 지금 겪는 감정의 폭풍을 잠재울 첫 단계다.

우리가 살아가는 예측 불가능한 세상, 특히 정치적 이견, 경제 불안, 인권 침해, 폭력, 전쟁과 테러, 환경적 위협, 계속되는 기후 변화에 나타나는 대혼란을 생각해 볼 때 외부 세계가 조만간 잠잠해지리라는 기대는 오판이다. 그럴 일은 없다.

해결책은 우리 각자에게 있다. 각자 자신의 감정 고삐를 단단히 쥐고 내면 상태를 더 차분하게 유지하기 위해 노력해야 한다. 타고난 성격이나 성향을 바꾸자는 말이 아니다. 이것이야말로 다른 누구도 아닌 고유하고 독특한 자신을 이루는 요소이기 때문이다.

여기서 각 개인이 자신의 감정을 더 능숙하게 헤아리고 관리할 방법을 알려 주고자 한다. 자신에 관한 인식과 통찰을 넓히고 세상을 바라보고 대처하는 데 필요한 유연성을 기른다면 충분히 할 수 있다.

앞서 네 가지 반응 유형을 하나하나 읽어 보는 것이 좋다. 사랑하는 사람이나 친한 친구는 나와 다른 유형일 수 있기 때문이다. 주변에도 이 테스트를 권한다면 서로를 더 깊이 이해하는 데 유익할 것이다. 다른 사람의 감정까지 관리할 책임은 없지만 상대의 반응 유형을 이해한다면 이에 대처하거나 더 효과적으로 의사소통할 방법을 찾을 수 있다. 긴장이나 갈등 관계가 생길 때는 더욱 그렇다.

서로의 유형에서 배울 점도 있다. 결국 모든 유형은 그동안 우리가 갖가지 상황을 모면하도록 도와준 일종의 생존 전략이기 때문이다. 반응 유형 자체를 두고 '유익하다 또는 해롭다, 적응적이다 또는 부적응적이다' 등을 판단할 수는 없다. 반응의 주체가 이를 드러내는 방식이 중요하다. 반응 유형의 유용성을 판가름하는 것은 개인의 탄력성, 자기 인식, 관리 기술이다. 자기 수용과 자기 연민을 기르는 동시에 다른 사람들의 반응도 따뜻한 시선으로 바라보도록 노력하자.

## 난 당장 풀어야 하는데, 넌 시간이 필요하다니

얼마 전 헤지펀드 매니저인 마리사는 23살인 딸 엔지를 이해하고 딸과 소통하기가 어려워서 애를 먹었다. 둘 사이에는 틈만 나면 자잘한 마찰이 일어나 두 사람 모두 분노에 휩싸였다.

마리사는 타고난 수완가인 데 반해 엔지는 예민하고 감성적인 작가였다. 엔지는 엄마 때문에 화나거나 충전이 필요할 때면 혼자 있길 원했다. 엄마는 정반대였다. 마리사는 딸에게 이것저것 묻고 애매한 부분을 명확히 밝혀서 둘 사이의 긴장을 정면에서 해소하길 바랐다. 그러나 마리사의 이런 수고는 역효과를 내기 일쑤였고 모녀는 더 많은 긴장이 불거져 서로에게 거부감만 남았다.

마리사의 하소연을 들은 친구이자 치료사는 이 문제의 일부는 마리사와 엔지의 스트레스 대처 방식이 달라서 생기는 것 같다고 했다. 그러면서 마리사에게 너그럽게 엔지의 방식을 수용하는 태도로 두 사람 사이의 접점을 찾아보라고 권유했다.

마리사가 이 조언을 받아들이고 자신의 방식을 딸에게 맞추려고 노력하자 모녀의 갈등이 순식간에 줄어들었다. 그 후 마리사는 꾸준히 엔지와의 관계에서 조금 더 부드러운 방법을 썼고, 서서히 두 사람 사이에 신뢰가 생기면서 성난 물결이 잠잠해졌다. 이와 더불어 마리사는 평온함에 대한 통찰도 얻었다. 마리사는 그동안 자신이 이런 방식으로 갈등을 해결할 수 있다는 사실을 놓치고 있었다.

자신의 반응 방식을 관리할 때의 문제는 '더 좋은 운전자가 되겠다'는 지나친 욕심이다. 사실 운전자는 날씨는 물론이고 운전 여건이나 다른 운전사의 행동조차 결코 통제할 수 없다. 대신 현명하고 안전한 운전 기술을 연습하고 갈고닦을 수는 있다. 이로써 운전하면서 속도를 조절하고 방지턱과 사각지대를 인지하고 뜻밖의 상황에서 통제력을 지키고 필요할 때 차선을 변경할 수 있다.

감정을 다룰 때도 이런 기술을 개발한다면 계속 특정 요인에 반응하는 자신의 심리적, 행동적 습관을 피하거나 고칠 수 있다. 그다음부터는 중요한 문제를 분명하게 보지 못하게 하는 좁은 시야에 더 기대지 않을 것이다. 나와 다른 가치와 정서 유형을 가진 사람과 마찰이 생길 때 한 발짝 비켜설 수 있다. 마지막으로 꼬리에 꼬리를 물고 쏟아지는 온갖 우려스러운 뉴스에 반응할 때 겪은 정서적 타격이나 반복되는 긴장도 피할 수 있다.

조금 더 자신의 심리를 파악하고 자신을 자주 분노로 몰아넣는 촉발 요인을 이해하게 된다면 감정이 더욱 단단해질 것이다. 더 높은 정서적 평형 상태를 향해 운전해 나가려면 여기서부터 시작해야 한다. 그 전에 앞으로 마주칠지도 모르는 여러 위험과 변화에 대한 적응력을 높여야 한다.

전문 카레이서였던 제프 고든(Jeff Gordon)은 거친 세상을 헤쳐 가야 하는 어려움을 멋지게 표현했다.

"무서울 것 없는 사람이 훌륭한 카레이서가 되는 것은 아니라고 생각합

니다. 통제력을 벗어나는 상황에 놓여 있어도 편안하게 머물 수 있는 사람
이어야 하죠."

# 3장

# 마음도 제때 치유하지 않으면 덧난다

"의학계의 미스터리로 남아 있던 염증은
이제 장기적인 건강을 노리는 적이 됐다."

-디팩 초프라(Deepak Chopra) · 루돌프 탄지(Rudolph Tanzi)
인간의 잠재력 분야에서 세계적으로 유명한 의학자이자 영적 지도자
하버드 대학교 신경학과 교수

# 마음이 아프니까 나타나는 증상

나를 지켜야 할 방어 기제가 도리어 건강과 안녕을 위협할 수 있다고는 생각하기가 어렵다. 하지만 생각지도 못한 일은 실제로 일어날 수 있다. 염증도 마찬가지다. 보통 면역계가 유발하는 염증은 몸이 병원균에 저항하고 손상된 조직을 회복하도록 도와주는 고마운 존재다.

염증은 병균과의 싸움에서 이기고 나면 사라지기 마련이다. 그런데 사라지지 않으면 눈에 띄지 않는 약한 수준의 만성 염증이 생겨 장기, 혈관, 세포에 유해한 영향을 끼칠 수 있다. 사람에게 염증이 많을수록 심장 질환, 당뇨, 특정 암이 생길 위험이 높아진다. 게다가 인지 기능도 저하시켜 사고력과 추론력, 판단력, 기억력을 떨어뜨린다.

길게 보면 염증은 치매와 연관되지만 당장은 기분에 영향을 미친다. 실제로 뇌에서 발생한 염증은 우울증, 불안 장애, 양극성 장애, 외상 후 스트레스 장애 등등 수많은 정서 질환과 밀접하게 연관된다. 우울증 자체가 염증성 장애는 아니지만 상당수 문헌 자료가 이 두 질환의 연관 관계를 보여준다. 서로 밀접할 뿐 아니라 서로를 부채질한다는 증거도 늘고 있다. 이것이 바로 눈에 보이지 않는 신체적 감염 이면의 이야기다.

## 감정에도 염증이 생긴다

내가 현장에서도 봤듯이 정서적 감염도 이렇게 악화될 수 있다. 반응 유형과 관계없이 개인적인 요인에 노출돼 정서적 염증이 생기면 이런저런 부작용이 나타나 그동안 유지해 온 안정을 갉아먹을 수 있다. 먹고사는 것만도 충분히 힘든데, 여기에 정치적 추문, 인권 침해, 인류의 건강을 위협하는 환경 문제, 이미 위태로운 세계를 위협하는 새로운 문제까지 듣노라면 이런 의문이 든다.

'어디서 어떻게 살아야 안전하지?'
'누가 나서서 우리를 구해 줄까?'
'우리 아이들에게는 어떤 유산을 남겨 줄 수 있을까?'

이 질문에 이런저런 고민을 하면서 답하려다 보면 부정적인 생각과 감정이 폭포수처럼 쏟아진다. 분노와 절망을 느끼거나 행동적, 정신적으로 마비 상태가 되어 도저히 사태를 해결할 수 있을 거라는 느낌이 들지 않는다.

정서적 염증은 생리적, 심리적 반응에서 비롯된다. 생리적 면에서 교감 신경계와 부교감 신경계는 시소 같아서 상황에 따라 한쪽에 더 무게가 실린다. 위협을 느낄 때는 교감 신경계가 싸움 혹은 도주를 대비한다. 이와 반대로 부교감 신경계는 평정심을 되찾고 차분한 상태를 유지해야 할 때 주도권을 쥔다. 두 신경계가 상호 작용하여 내적 평형 상태를 이루는 데 이바지한다.

교감 신경계와 부교감 신경계의 이런 독특한 견제와 균형이 제대로 작동하면 신체적으로나 정서적으로 좋은 기분을 느낄 확률이 높다. 고속도로에서 위협적인 운전자를 봤거나 어두운 거리에서 누군가가 따라올 때처럼 잠재적 위협을 만나는 위기 상황에서 우리 몸은 선천적인 스트레스 반응으로 생존 확률을 높이도록 설계돼 있다. 저항하거나 도망쳐 목숨을 지킬 준비를 하는 것이다.

이를 싸움 혹은 도주 반응이라고 한다. 가장 필요한 부위에는 최적의 에너지를 전달해서 심장 박동이 빨라지고 호흡이 가빠지며 혈류와 혈압이 높아지고 근육이 긴장한다. 한편 생존을 위한 싸움에 중요하지 않은 신체 기능은 잠시 멈추게 된다.

이때 위협을 평가하고 반응하는 기관인 아미그달라(amygdala) 같은 주요 뇌 부위가 활성화되어 눈앞의 위협이 얼마나 심각한지 계산해 분주히 행동 계획을 세운다. 목숨이 위태롭다고 느끼는 상황에서는 전전두엽 피질이 작동하지 않는다. 이곳은 뇌의 최고 사령관으로서 평상시 운전석에 앉아 우리의 충동과 즉각적인 판단을 억제하는 부위인데 한층 사기가 오른 아미그달라가 상황을 진두지휘하기 때문에 뒤로 밀려난다.

두려움, 불안, 공격성이 급격히 높아지면 뇌의 신경 회로가 꼼짝할 수 없게 되어 명확하게 생각하기가 어려워진다. 이런 위급한 상황에서는 계획성과 사고력이 억제된다. 사안의 경중을 따지거나 맥락을 고려해서 의사 결정을 내리기보다는 주어진 상황에 원시적으로 반응한다. 이런 생리적 변화는 응급 상황에 반응하고 위협에 맞서며 신속한 행동으로 자신과 사랑하는 사람을 지키는 선천적인 생존 기제의 일부다.

## 예민하게 구는 것 같아 괴로울 때

그렇다면 위협을 느끼기만 하는 상황에는 어떨까? 우리의 생존 기제를 촉발하는 위협은 다양하다. 앞서 표현한 것처럼 극단적인 경우는 드물다.

예를 들어 직장에서 정치 싸움을 벌이거나 감당할 수 없는 어마어마한 금액의 계산서를 받았거나 불쾌하거나 무례한 행동을 목격했을 때 생각하지 못한 반응을 보인다면 정상이라고 여겨지지 않을 것이다.

기분을 언짢게 만드는 일상의 모든 요인에 신체가 과도한 스트레스 반응을 보일 때가 있다. 성급하게 달려드는 것이다. 이런 일이 잦을수록 건강과 안정을 해친다. 브루스 맥쿠엔(Bruce McEwen) 박사는 저서 《브루스 맥쿠엔의 스트레스의 종말(The End of Stress As We Know It)》에서 지적했다.

"인간의 정신은 매우 강력하고 지각과 생리적 반응 사이의 연결도 매우 단단하여 단지 위협적인 상황에 놓여 있다는 상상만으로도 싸움 혹은 도주 반응을 일으킬 수 있다."

신체는 만성 스트레스를 감당하도록 설계되지 않았다. 높은 불안, 두려움 또는 공포심을 느끼는 상태가 끈질기게 또는 빈번히 이어지면 신체의 싸움 혹은 도주 반응이 멈추지 않는다.

이때 교감 신경계는 쫓기듯 흥분된 상태를 유지해 스트레스 호르몬인 코르티솔과 아드레날린이 심신을 뒤덮는다. 그럼 심장 박동, 호흡, 혈류, 혈압이 계속 높아져 있고 백혈구 세포는 수색 소탕 작전을 펼치다가 급기야 신체 조직과 장기까지 공격한다.

만성 스트레스는 소화 기능과 생식 기능처럼 이차적인 곳까지 영향을 미친다. 만성 스트레스에 눌리면 임신 가능성과 성 충동이 감소하는 것도 이 때문이다.

만성 스트레스는 심혈관계에 부담을 주고 면역, 내분비, 신경, 대사 기능을 파괴하는 것도 모자라 통증 반응마저 높일 수 있다. 진화론적으로 몸이 피해를 보지 않도록 설계된 체계가 도리어 위협이 되는 지점이 이곳이다. 분자 생물학자 존 메디나(John Medina)는 저서 《브레인 룰스(Brain Rules)》에서 지적했다.

"우리의 스트레스 반응은 몇 년이 아니라 몇 초간 계속될 문제를 풀도록 만들어진 것이다. … 스트레스 호르몬이 많아지거나 체내에 너무 오래 머물러 있으면 매우 해롭다."

# 감정을 의식하면 보이는 것들

앞서 언급했듯이 이상성 부하는 스트레스가 뇌와 신체를 마모시켜 노화를 촉진하고 여러 건강 문제를 초래한다. 이상성 부하는 다양한 상황에서 일어날 수 있다. 스트레스가 잦아들 줄 모를 때, 계속되는 스트레스 요인에 심신이 적응하지 못할 때, 스트레스 상황이 지나간 후에도 평정심을 되찾지 못할 때 등이 모두 해당한다. 스트레스 반응이 멈추지 않는 상황에서 뇌와 신체는 쏟아지는 스트레스 호르몬과 파도처럼 이어지는 경고 메시지의 노예가 된다.

엄청난 심리적, 사회적, 환경적 스트레스에 시달리는 사람들은 스트레스 반응을 조절하는 기능이 저하될 위험이 있다. 다른 사람보다 유독 스트레스에 과한 반응을 보이는 사람들이 있는데 이 경우는 유전자 조합이나 과거의 트라우마도 원인일 수 있다. 수면 부족과 특정 약물 복용 같은 생활 요인도 스트레스를 높이고 각성제, 스테로이드, 항발작 약물, 일부 항우울제도 분노 또는 공격 감정을 증폭할 수 있다.

다양한 소비재에 들어 있는 폴리브롬화 다이페닐에테르 같은 일부 화학물질, 난연재 등에 노출되면 스트레스 상황에서 교감 신경계의 활성이 증폭될 수 있다. 스펙트럼의 정반대 쪽에 속하는 베타 차단제, 항고혈압제, 파킨슨병 치료제 등은 더 깊은 우울감과 피로감에 빠지게 할 수 있다.

우리는 이 상태를 의식하는 것이 중요하다. 뜻밖의 상황에서 여러 물질에 노출되면 스트레스 반응이 높아질 수 있음을 알아야 한다. 이 모든 사실을 종합해 보면 불안, 불길한 예감, 과잉 각성 등 정서적 염증의 소용돌이를 안고 있을 경우 상상 가능한 모든 방식으로 타격을 입을 수 있다. 그 결과 신체적, 정신적, 정서적, 행동적, 사회적, 영적 면에서 지속적으로 파급 효과가 나타난다.

## 남성과 여성이 다르게 반응하는 이유

건강의 여러 면에서 성차가 나타난다. 이를 고려하면 스트레스에 반응하는 남성과 여성의 생리적 방식에도 두드러진 차이가 있다는 것은 당연하다.

연구에 따르면 급성 스트레스를 겪을 때, 남성의 뇌에서는 아미그달라의 오른쪽 부위가 활성화되는 반면 여성의 뇌에서는 왼쪽 부위가 활성화된다. 이 점에 주목해야 한다. 아미그달라의 오른쪽은 경험의 골자를 기억하는 반면 왼쪽은 정서적 요소를 이루는 세부 사항을 기억하는 경향이 있기 때문이다.

캘리포니아 대학교 신경학과 교수인 래리 캐이힐(Larry Cahill) 박사가 말했듯이, 남성은 스트레스 받은 사건의 기본적인 사실을 기억하고 여성은 그 당시 느낀 정서적 감정과 그 의미를 기억한다.

"뇌가 감성적인 이미지를 처리할 때 나타나는 남녀 뇌 반구의 차이는 불과 300밀리세컨드(밀리세컨드=1,000분의 1초) 만에 시작된다. 자기가 본 것이 무엇인지 의식적으로 해석하기도 훨씬 전에 말이다."

차이점은 또 있다. 대중 연설이나 어려운 수학 문제처럼 까다로운 과제 앞에서 남성과 여성 모두 주관적인 스트레스 수치는 높게 나타나지만 남성은 여성보다 훨씬 강한 코르티솔 반응을 보인다.

스트레스로 불안할 때 남성과 여성이 활용하는 신경 자원도 다르다. 예일 대학교 연구 팀은 건강한 성인 96명에게 스트레스 또는 이완 반응을 유도하도록 설계된 이미지 실험을 수행한 뒤 기능적 자기 공명 영상 기법을 활용해 참여자들의 뇌 반응을 살펴봤다.

남성은 미상핵, 중뇌, 전방대상피질, 시상 등의 뇌 영역에 더 높은 반응을 보였다. 이 부위는 잠재적 비용과 결과를 고려한 뒤에 옮기는 일명 '도구적 행동' 및 운동 기능과 관련된다. 반대로 여성은 정서 표현, 언어 표현,

시각 처리와 연관된 뇌 부위, 즉 후방섬엽, 측두회, 후두엽에 더 높은 반응이 나타났다.

즉 남녀가 같은 스트레스 요인에 노출될 때, 정서적 수준은 제쳐 두고 생리적 수준에서 같은 방식으로 반응하고 이를 처리한다고 가정해서는 안 된다는 것이다. 다음번에 이성과 갈등이 생기면 이를 꼭 기억하자.

# 지금 이 기분은 스트레스 때문

안전하지 않다는 느낌, 과잉 반응, 미래에 대한 두려움은 머릿속의 위험 회로를 끊임없이 돌아가게 만든다. 이런 감정은 만성 스트레스 증상인 동시에 스트레스 반응을 지속시킨다. 코르티솔 등 스트레스 호르몬 수치가 오랫동안 높으면 불안해지고 우울한 감정도 높아진다.

멈추지 않는 스트레스 반응은 분노, 비통, 슬픔, 걱정 같은 일련의 정서를 유발한다. 이는 무력한 분노, 두려움, 절망으로 변할 수 있다. 심란한 침투적 사고(intrusive thought, 자신의 의지와 상관없이 반복적으로 떠오르는 생각-옮긴이), 수면 장애, 악몽을 경험할 수도 있다.

## 아무것도 못하거나 무엇에든 달려들거나

어떤 사람들은 스트레스 때문에 번아웃돼서 어디엔가 콕 박혀 있기도 한다. 주의력과 집중력, 필수 정보에 대한 학습력과 기억력 등을 제대로 수행하기도 힘들어진다.

장기적인 스트레스로 반추(rumination) 상태에 빠지는 사람들도 있다. 고장 난 레코드처럼 한 가지 문제에만 집착해서 계속 그 생각에 골몰하는 것이다. 그런가 하면 예기 불안을 겪기도 한다. 예기 불안이란 앞으로 일어날 수도 있지만 그렇지 않을 가능성이 높은 문제를 걱정하거나 한 가지 불안이 또 다른 불안에 불을 댕기는 상태를 일컫는다. 또한 세상이 무너질 듯한 두려움에 압도되어 최악의 상황을 상상하기도 한다. 어느 모로 보나 이런 상태는 일상에 방해가 된다.

논스톱 스트레스 반응은 행동 마비를 일으키는 학습된 무기력과 무력감과도 연관된다. 그 결과 두려움이 떠오르는 사람이나 상황, 활동을 피하게 되고 상황을 개선할 건설적인 행동을 할 수 없다는 무력감에 짓눌리기도 한다.

반대로 약속 일정을 꽉꽉 채우거나 더 큰 자극을 쫓아다니면서 자신을 더 몰아붙이는 사람도 있다. 이렇게 해서 주의를 환기하거나 고통스러운 감정에서 벗어나려는 것이다. 잠재의식 속에 정신없이 살다 보면 이 불안하고 불편한 감정을 피할 수 있다고 믿는 것 같다.

어느 유형이든 이로써 생기는 결과는 비슷하다. 스트레스를 느끼는 동안에는 전전두엽 피질이 아미그달라에 의해 뒤로 밀려나고 평상시에 정서를 조절하던 신경 전달 물질이 부족해지면서 불편한 정서가 밀물처럼 몰려오는 것을 경험하게 된다.

스트레스 장애 분야의 세계적인 권위자 베셀 반 데어 콜크(Bessel van der Kolk)는 저서 《몸은 기억한다(The Body Keeps the Score)》에서 '정서적인 뇌'를 설명했다. 그에 따르면 정서적인 뇌의 일차 과업은 자신의 안위를 보호하는 것이다. 꽤 유용한 기능 같지만 정서적인 뇌가 정보를 평가하는 방식은 매우 일반적이어서 성급한 결론을 내릴 때가 많다. 콜크 박사는 책에서 이렇게 이야기했다.

"정서적인 뇌 안에서 이런 반응은 자동으로 일어난다. 주체적인 생각이나 계획 없이 반응을 보이고 의식적이고 이성적인 논리로 이해하는 것은 나중 일이다."

콜크 박사의 책은 참전했거나 폭력 또는 학대를 당한 경우 등 심각한 심리적 외상을 다루지만, 사실 이런 아픔은 일상적으로 나타난다. 특히 심리적 고통과 번민이 끈질기게 일어나는 상황에서 말이다. 그리고 정서적 염증에 시달릴 때는 점화 효과로 인해 훨씬 더 민감해진다. 다시 말해 작은 자극에도 정신적, 육체적으로 스트레스가 큰 것이다.

## 싫은 사람을 생각하면 일이 손에 안 잡힌다

스위스에서 수행한 연구에서는 건강한 시험 참여자들에게 겁에 질린 표정, 정서적으로 중립적인 표정의 사진을 100만 분의 몇 초간 짧게 보여 주고 스트레스성 과제를 줬다. 매우 짧은 시간 노출한 이 사진들은 '역하자극(subliminal stimuli, 알아차릴 수 없을 정도로 미세한 자극-옮긴이)'으로, 참여자들은 자신이 사진을 봤다는 것을 알아차리지 못했다.

겁에 질린 표정의 사진을 본 참여자들은 스트레스성 과제 후에 코르티솔 수치가 대폭 증가했지만 중립적인 사진을 본 참여자들은 그렇지 않았다. 요컨대 의식 상태에서 두려움이 일으킨 점화 효과가 뒤이은 스트레스에 대한 참여자들의 반응을 실제로 높인 것이다.

유타 대학교에서도 비슷한 연구를 했다. 연구 팀은 참여자들이 자신의 인간관계에 갖고 있는 지지, 무관심, 혐오, 양가감정 등 잠재적 생각이 까다로운 수학 문제나 발표에 대한 스트레스 반응에 영향을 미치는지 알아봤다. 결과는 두말할 것도 없이 '그렇다'였다.

먼저 관계가 안 좋았던 사람들의 이름을 1,000분의 43초간 무작위로 본 참여자들은 스트레스 과제를 푸는 동안 위협을 더 많이 느끼고 통제감은 줄었으며 이완기 혈압 반응이 더 높게 나타났다. 스트레스성 과제를 수행하는 동안 심장 박동이 가장 빨라진 참여자는 과제 전에 자신이 양가감정을 느끼는 사람들의 이름을 먼저 본 사람이었다. 이 결과는 남녀가 동일하게 나타났다.

정서적 염증을 경험할 때도 비슷한 현상이 일어난다. 새로운 위협이나 뒤에 이어질 나쁜 소식에 더 민감하고 강렬하게 반응할 수 있다는 것이다. 평소라면 전혀 반응하지 않을 대상에 반응을 보일지도 모른다. 이런 경우에는 잠재의식이 주도권을 잡는데, 자신이 이미 언짢은 기분을 느낄 준비가 됐다는 사실을 깨닫지 못할 때도 많다.

이렇게 날이 선 상태에서는 자칫 '스트레스의 심연'으로 빠질 수 있다. 독한 감정의 웅덩이에 빠져 허우적대다 보면 시간이 지나며 전전두엽 피질(자기 인식, 자기 절제, 선견, 계획을 지휘하는 부위)은 수축하고 아미그달라(두려움과 공격성을 담당하는 뇌 중추)는 커진다. 이 변화의 결과로 뇌가 스트레스에 훨씬 더 심하게 반응하게 된다.

# 내가 나를 괴롭히는 행동

뉴욕 국립 비영리 기관의 전략 운용 매니저인 49세의 안드레아에게는 점화 효과에 익숙해진 계기가 있다. 물론 그것이 점화 효과였다는 사실은 나중에 알았다. 사건의 시작은 9·11 테러 공격 이후였다. 그즈음부터 안드레아는 하루를 시작할 때 '오늘 아침에 그런 일이 또 일어나는 건 아닐까?' 하는 불길한 생각을 자주 했다. 그러던 불안 수치는 2016년 대선 이후 급격히 높아졌다. 안드레아는 이렇게 말했다.

"선거 때 나오는 모든 이야기, 혐오를 유발하는 정치적 담화, 우리를 둘러싼 편협함과 불화의 분위기 때문에 너무 우울했어요. 그리고 나니까 저 자신에게 부정적인 감정이 쏟아지더군요. 이제 익숙한 일을 할 때도 실수가 생기고 직장에서 대화를 나누기도 쉽지가 않아요. 전에는 전혀 불안해하지 않던 일들인데 말이죠. 원래 집착하는 사람이 아닌데 요즘은 뭔가를 초조하게 계속 생각할 때가 많아요."

안드레아는 대선 이후로 초조함을 잊기 위해 전보다 두 배 많이, 두 배 자주 와인을 마셨다고도 말했다. 이는 결코 안드레아만의 일이 아니다. 최근 몇 년 사이에 미국에서는 고위험 음주(여성은 하루 4잔 이상, 남성은 5잔 이상) 비율이 30%나 높아질 만큼 알코올 소비가 급격히 늘었다.

## 아픔에 눈 가리고 아웅 한다

일부 사람들은 약, 음식, 음주에 의존하거나 끝없는 쇼핑, 게임 같은 공허한 활동으로 고통스러운 감정을 잊어 보려고 애쓴다. 즉각적인 안도감이나 만족감을 얻으려고 이런 행동에 의지하는 것은 자신의 정서적 고통을 묻거나 가리거나 지우려는 본능적인 노력이다.

하지만 이렇게 즉각적인 안도만 추구한다면 세심한 결정을 내릴 수 없게 된다. 현재의 선택이 불러올 결과를 고려하지 않고 당장 기분이 좋아지는 쪽으로 행동하는 것은 진정 자신에게 벌어지는 일을 계속 부정하게 만든다.

음주도 그 한 예다. 와인 한두 잔 이상을 마시면 지각과 사고 처리 기능이 무뎌지고 이에 따라 분노를 일으키는 생각과 문제에 집중력이 떨어져 그만큼 불안감도 줄어들지만 대신 생각의 폭은 좁아진다.

때때로 마음속에 넓게 드리운 두려움과 불안은 공연장, 박물관, 쇼핑몰이나 클럽처럼 전에는 좋아했던 공공장소에 가는 것도 꺼리게 만들 수 있다. 시위나 행진 같은 활동이 보이면 피하게 될지도 모른다. 속으로는 자신을 보호하거나 정서적 폭발을 일으킬 만한 자극을 피하고 싶은 것이다. 이런 장소에 자주 방문하는 사람이라면 강박적인 행동을 할 수도 있다.

워싱턴에 거주하는 59세의 변호사 스티븐은 박물관, 공항, 극장, 백화점, 회의실 같은 공공 장소에 들어갈 때면 출구부터 찾는 버릇이 생겼다는 것을 최근에야 알았다. 이뿐만 아니라 위기 상황이 발생하면 어떻게 해야 할지 머릿속으로 연습하고 범죄자가 나타난다면 최대한 사람들에게 해를 끼치지 않게 할 방법을 생각한다.

"이제 자동으로 그렇게 돼요. 의식적으로 생각하는 게 아니에요."

그는 미국에서 총기 폭력과 대규모 총기 난사 사건이 늘어나자 자신의 행동도 이렇게 변했다고 한다.

지나치게 각성한 상태든 문제를 외면하는 상태든 자신의 진짜 감정을 알고 있든지 간에 정서적 염증은 몰래몰래 음흉하게 다가와 육체적, 정서적 안녕을 망가뜨린다. 식생활, 음주, 흡연 여부, 운동 주기, 수면 시간 같은 생활 습관도 아드레날린, 코르티솔의 생산과 스트레스 반응에 관여하는 곳을 자극할 수 있다. 이런 역동 속에 고통스러운 생각과 감정이 돌고 돌면서 행동이 바뀌고 건강을 해쳐 결국 정서적 평형 상태를 교란시킨다. 문제는 여기서 끝나지 않는다.

# 내가 이기적인 걸까?

인간은 선천적으로 사회적 동물이다. 사람은 서로 관계를 맺고 아껴 주며 협력하고 지지할 능력이 있다. 우리는 이런 소통에서 유익을 얻는다. 실제로 수많은 연구에서 사회적 지지가 신체 건강, 그리고 스트레스에 대한 회복 탄력성을 포함한 정서적 안녕에 긍정적인 영향을 준다는 것이 드러났다.

안타깝게도 정서적 염증은 사회성에도 악영향을 미친다. 높은 경계 상태, 무력감, 조급함, 공허함은 무의식까지 스며들어 우리의 사회적 기질과 영혼을 뒤흔든다. 요즘 사람들을 언짢게 하는 상당수 문제, 특히 심각하다고 여기는 문제의 답을 쉽게 찾지 못할 때는 대책을 세워 행동하려는 의지가 무뎌질 수 있다.

　사회 심리학자들이 '방관자 효과(bystander effect)'라고 부르는 상황이 그 예다. 두려운 상황을 여럿이 목격할 때는 행동에 나서기보다 주변에 서 있거나 기껏해야 안타까워하며 발을 동동 구르는 것이 전부다. 더 거시적인 차원에서는 인구 상당수가 사회적, 정치적, 환경적 비행을 목격하고도 거의 조치를 취하지 않는 경우에 방관자 효과가 나타난다.

　이렇게 불안 때문에 행동을 억제하고 사태의 심각성을 부인하면서 책임감을 저버리는 것이 사회적 표준이 될 수 있다. 그런 행동이 충분히 용인된다고 간주하는 것이다. 하지만 이런 마비는 적극적인 태도로 행동에 나서서 불안을 줄이려는 노력을 저해하므로 결국 훨씬 더 큰 정신적 충격을 안길 수 있다.


　존경과 선망의 대상이었던 유명인사가 하루아침에 실망스러워지는 요즘을 사노라면 당혹감과 냉소와 상실감이 더 커진다. 나이가 많든 적든 멘토, 롤 모델, 영웅, 우러러볼 사람이 있다면 힘과 영감을 얻을 수 있다. 그들을 보면서 우리도 최선의 모습을 이루려고 노력하고 훌륭한 사람이 되겠다는 포부를 갖기 때문이다.

　전문성 면에서는 우러러볼 만한데 개인의 행실을 용납하기 어려울 경우에는 인지 부조화가 일어나 정신적인 불편감을 느낄 수 있다. 이런 스트레스 요인은 안정을 깨뜨려 우리의 삶의 기쁨을 뺏을 수 있다. 그 결과 개인의 삶과 자아도 불안에 휩쓸린다.

## '나 하나 나서 봤자 소용 없을 텐데' 하는 생각

목숨을 위협하는 질병과 사투를 벌이거나 임종을 결정해야 하는 순간에 부딪힐 때 사람들은 영적인 고통을 경험한다. 전투에 나가 비윤리적인 사건을 목격했거나 거기에 직접 참여했던 퇴역 군인은 일반인보다 불안, 우울, 외상 후 스트레스 장애를 더 많이 겪는다. 그들이 겪는 영적, 종교적 고뇌도 평균 수준을 넘어선다.

이보다 놀랍고 우려되는 점은 객관적으로 충격적인 사건을 경험하지 않았는데도 영적 고통, 실제적 두려움이나 분노, 벨트슈메르츠(Weltschmerz)와 씨름하는 사람들이 늘고 있다는 사실이다. 벨트슈메르츠란 '세계의 고통'을 뜻하는 독일어로 자신이 바라는 세계와 실제 세계의 차이에서 오는 피로감을 일컫는다.

나는 임상 현장에서 이런 영혼의 투쟁을 점점 더 많이 만난다. 게다가 기후 활동가, 전문 언론인, 정치인, 사무직 종사자, 그 밖에 소외감을 느끼는 사람, 현대 세계가 주는 엄청난 혼란에서 벗어나려는 사람들을 마주치는 일이 많아졌다. 나는 아워 칠드런스 트러스트(Our Children's Trust, 청소년의 환경적 권리를 옹호하여 소송을 지원하는 미국 비영리 단체-옮긴이)와 일하면서 젊은이에 대한 감수성을 높이고 이들과 더 광범위하게 일하기 시작했다.

이들은 기후 위기와 자신들이 물려받을 미래에 관련된 충격적인 문제로 고민한다. 많은 젊은이가 자녀를 갖지 않으려고 한다. 지구상에 또 다른 생명이 태어났을 때 치러야 할 대가도 걱정되고 이 혼란한 세상에 아이를 낳기도 겁나기 때문이다. 미래를 향한 꿈으로 가슴 벅차야 할 시기에 많은 젊은이의 삶에는 허무감이 스며들고 있다. 이들은 앞 세대의 무책임함을 개탄하며 자신들의 어깨에 쌓이는 무거운 책임에 분노를 느낀다. 한 연구는 대학생들의 위험한 음주와 영적 투쟁 사이에 상관관계가 있다고 밝혔다. 이것이 놀랄 일일까?

분명히 말하건대 나는 이런 영혼의 투쟁이 종교적 신념의 위기에서 온다고 생각지 않는다. 이 투쟁은 희망, 공감, 연민을 지키려는 투쟁이며, 많은 사람이 다 무너져 지옥을 향해 간다고 느끼는 세상에서 의미와 목적을 지키려는 몸부림이다. 인생에 본질적인 가치나 의미가 전혀 없다고 느끼거나 '나 한 사람 나서 봤자 아무 소용 없다'는 느낌은 정서적 염증을 부추기거나 증폭할 수 있다. 또한 정서적 염증의 결과로 이렇게 느낄 수도 있다. 이 세 가지 역동이 동시에 일어나면 두려움, 분노, 고립감, 초조함이 심해지기 쉽다.

## 세상은 살기 힘들고 먹고사느라 바쁘다

58세의 변호사 캐서린은 이를 누구보다도 잘 아는 사람이다. 캐서린은 변호사 생활 내내 사회적, 회복적 정의를 위해 싸우는 데 헌신했고 특히 여성, 이주민을 포함해 권리를 박탈당한 사람들을 위해 힘썼다. 시카고에서 네 아이를 키우고 전에는 위탁모 역할도 했던 캐서린은 좀 더 살기 좋은 세상을 만들고 싶어서 변호사가 됐다. 하지만 최근 몇 년 사이에 과연 자신에게 그럴 능력이 있는지 점점 의심이 커져갔다. 캐서린은 말했다.

"세상에서 벌어지는 중요한 일을 하나라도 놓칠까 봐 두려워서 소셜 미디어를 달고 살아요."

특히 머리기사를 장식하는 정치 싸움과 만연하는 인권 침해는 세상이 처한 상태를 바라보는 캐서린의 불안을 키웠다. 캐서린은 자신이 선택한 삶에 의문이 들고 미래에 대한 희망도 잃어버리기 시작했다.

"요즘 들어서는 내 손자들에게 물려주고 싶은 그런 세상이 과연 펼쳐질지 확신이 들지 않아요."

이런 어두운 관점은 정신의 가장 깊숙한 곳까지 뚫고 들어가 생각과 행동에 영향을 미치는데 이 과정은 무의식적일 때가 많다. 삶의 의미와 목적을 상실한 사람은 더 이상 세상과 소통하려 하지 않고 자신의 삶과 세상 전체에 존재하는 문제를 해결하려고 노력하지 않을 때가 많다. 자신의 건강이나 미래를 위한 계획에 관심을 두지 않을지도 모른다. 상상할 수도 없고 상상하고 싶지도 않기 때문이다. 대신 하루하루 살아가는 데 온 정신을 쏟으면서 두더지 잡기 게임을 하듯 그때그때 일어나는 문제를 처리할 뿐이다.

미국을 비롯한 여러 나라에서 종교의 중요성이 떨어지고 있다. 2017년에 미국 성인 5,000여 명을 설문 조사한 결과 '나는 영적이지만 종교적이지는 않다'고 답한 사람은 전체의 27%였다. 2012년도 수치보다 42%나 증가한 수치다. 2017년 조사에서 자신은 종교적이지도 영적이지도 않다고 응답한 사람은 18% 늘었다.

이런 변화는 남성과 여성, 정당 지지자, 다양한 인종, 나이, 교육 수준을 가리지 않고 각계각층에서 나타났다. 과연 지금은 신앙과 희망이 위기에 빠진 시대인 걸까? 의심과 상실이 이 시대를 뒤덮고 있다. 세상의 혼란과 동요 때문인지, 뿌리 깊은 냉소주의 때문인지, 아니면 다른 요인 때문인지 확실히 알 수는 없다.

이를 영적 공허함, 실존적 고뇌, 벨트슈메르츠 등등 어떤 이름으로 부르든지 간에 뭔가 중요한 것, 자신보다 위대한 대상과의 연결 고리가 사라졌다고 느끼는 사람이 점점 많아지는 것만은 분명하다. 이런 영적인 공백은 방향 감각을 잃게 만들어 세상을 살아 나갈 목적도 나침반도 없다고 느끼게 할 수 있다.

그렇다고 현재 상태에서 빠져나갈 수 없다고 체념할 필요도 없고, 생리적, 심리적 스트레스가 내면을 헤집도록 놔둘 필요도 없다. 우리에게는 과잉 반응을 잠재우고 심신을 가라앉혀 거친 세상에 살더라도 목적의식, 희망, 타인과의 소통을 회복할 다양한 방법이 있다. 올바른 전략과 기술을 활용한다면 정서적 염증의 연쇄 반응을 늦추고 방향을 틀어 꾸준히 차분한 상태를 향해 한 걸음씩 내딛을 수 있을 것이다.

2부

# 먼저 극복한 사람이
# 한 발 더 나아간다

## : 감정 회복력을 키우는 8단계 방법

- 1장 -

# 나의 감정
# 알아차리기

"지성은 혼란에 빠질 수 있어도 감성은 거짓말하는 법이 없다."

**-로저 에버트(Roger Ebert)**

영화 평론가 최초 퓰리처상 수상

# 감정은 흑과 백이 아니다

눈가리개를 벗고 불편하든 신나든 자신의 감정을 직시하는 법을 배우자. 나를 위한 최선책이다. 결국 불쾌도 인간의 삶에 지극히 정상적이고 자연스러운 기본 감정이니 말이다. 매일 오르락내리락하고 때로는 하루에도 몇 번씩 달라지는 것이 감정이다.

이따금 느끼는 부정적인 감정이 없다면 긍정적인 기분이 돋보이거나 기쁘지 않을 것이다. 그것은 정서적으로 매우 궁핍한 삶이다. 부정적인 감정 없이는 자신을 통찰할 기회도 놓친다. 감정은 침묵의 메시지로써 좋든 나쁘든 자신의 개인적, 직업적 삶의 요소와 행동 그리고 주변 세계에 주의를 기울이게 하는 경고등이다.

자기가 느끼는 모든 감정을 '좋음 또는 나쁨', '긍정적 또는 부정적', '행복 또는 슬픔' 등의 범주로 구분하기보다는 하나의 유용한 정보로 여기는 것이 현명하다.

## 나를 괴롭히는 문제는 차단하면 안 될까?

"감정은 특정 상황에 가장 적절하도록 점진적으로 진화된 반응이다. 감정에 점수를 매기는 것을 멈춘다면 순간순간 벌어지는 상황에 맞게 반응하는 법을 배우게 된다. 그리고 저주하지도 찬양하지도 않고 감정을 있는 그대로 대할 수 있을 것이다."

《The Language of Emotions》를 쓴 의학 박사 칼라 맥라렌(Karla McLaren)의 말이다. 자신의 느낌을 알아차리고 표현할 수 있다면 자기를 더 잘 이해하고 자신의 감정을 인정하고 돌보게 된다. 그리고 그 느낌들과 효과적으로 소통하고 반응함으로써 차근히 자기감정을 다룰 줄 알게 된다.

자신도 건강한 변화를 일구고 주변도 개선하기 위해 행동력과 위기에 대처하고 실패를 딛고 일어서는 능력을 길러 심리적으로 더 탄력적인 사람이 되는 데 좋은 동기는 정서적 자기 인식이다.

얼핏 감정을 인식하는 데서 오는 일부 유익은 우리의 생각과 어긋난다. 오히려 분노, 두려움, 절망, 그 외 불쾌한 느낌이 들게 하는 것은 전부 무시하는 것이 혼란한 세상을 살아가는 똑똑한 생존 전략이 아닌가? 감정 소모를 줄이고 부정적인 감정에 휘둘리지 않으려면 늘 침착한 태도를 유지하는 것이 나아 보인다. 사실 매시간 오르락내리락하는 기분에 휘둘리고 싶은 사람은 아무도 없다. 문제는 이런 피하기 전략이 여러 면에서 도리어 자신을 공격하는 일이 될 수도 있다는 것이다.

우선 자기가 느끼는 심란한 기분을 제대로 이해하지 못하고 말로도 표현하지 못하는 사람은 과식, 폭음, 흡연, 충동구매, 도박, 공격적인 행동, 자해 같은 부적응적인 대처에 매달릴 수 있다. 이들은 만성 통증에 더 취약하고 우울증과 불안 장애가 생길 위험도 높다. 불쾌한 감정을 옭아매 버릇하는 것은 기획, 추론, 여러 과제를 동시에 처리하는 능력 등 실행 기능을 저해하고 스트레스성 과제를 수행할 때 마음에 부담을 주며 여러 방면에서 신체적, 정서적 안녕에 피해를 준다는 것이 밝혀졌다.

## 내 짜증을 설명할 수 없는 이유

45세 두 자녀를 둔 전업주부인 조안나는 활기차고 에너지 넘치는 태도를 유지하려고 애썼다. 자원봉사 활동도 열심히 하고 집 안도 새롭게 꾸며보고 사회 활동에도 참여하고 운동도 하면서 바삐 움직였다.

하지만 그러다 보니 자신의 감정을 곰곰이 생각하거나 표현할 시간이 없었다. 그러니 그 감정들이 자신에게 말하려는 것이 무엇인지는 더더욱 알 길이 없었다. 결국 조안나는 예상치 못한 일이 벌어지면 허점을 찔리는 듯한 기분이 들곤 했다.

30세 낸시는 정반대다. 성공한 미디어 전략가인 그녀는 연애를 더 잘하고 싶은 마음에 자기감정을 이해하기 위해 치료를 받아 보기로 했다. 여름인데도 긴소매를 입어야 할 만큼 두 팔에 상처 딱지가 가득했던 낸시는 일, 가족 문제를 비롯해 일상의 여러 상황에서 어떤 감정을 느끼는지 풀어놓았다.

내 물음에 대답하던 낸시는 자주 멈추고 말을 잇지 못했다. 강박 장애로 피부를 뜯는 장애가 있던 것이다. 낸시는 자신의 감정을 이해하거나 자세히 들여다보는 대신 무조건 비난하는 듯했다. 낸시는 자신이 느끼는 감정을 전혀 이해하지 못했다.

이런 정서적 단절은 왜 생기는 걸까? 어떤 사람들은 자신의 감정을 정확한 단어로 표현할 수 없다. 우리 문화는 사람들에게 정규적인 정서 교육을 하지 않기 때문이다. 그런가 하면 감정적이어서는 안 되고 굳세고 강인해야 한다고 배우며 자란 사람도 있다. 선천적으로 자기 인식이 부족해 '걱정스럽다'거나 '안 좋다'는 것 외에는 자신의 느낌을 뭐라고 설명하지 못하는 사람도 있다.

이런 사람들은 루드비히 베멀먼즈(Ludwig Bemelmans)의 《마들린느(Madeline)》 시리즈에 나오는 클라벨 선생님처럼 뭔가 잘못됐다는 것은 감지하지만 정확히 뭐가 잘못됐는지는 알아차리지 못한다. 이런 현상을 '감정 표현 불능증'이라고 부르는데 자신의 감정을 규명하거나 설명하지 못하는 것이 특징이다. 감정을 흑백으로만 인식할 뿐 형형색색의 변화무쌍한 특징은 보지 못하는 것이다. 세상을 살아 나가는 방법으로는 흐리멍덩하고 위태로운 것임에 틀림없다.

# 감정에 휘둘리는 사람,
# 감정을 다스리는 사람

불편한 느낌에 이름만 붙일 줄 알아도 그 기분을 누그러뜨리는 데 도움이 된다. 연구에 따르면 부정적인 감정을 판단하지 않고 그대로 받아들이면 일상에서 까다로운 상황을 겪는 동안 또는 그 이후에 스트레스를 덜 받아 전반적인 심리 건강이 증진된다고 한다. 일부 심리학자는 이를 '습관적 수용'이라고 한다. 이런 특성이 정서 지능의 일부라는 것을 생각해 보면 당연하다.

정서 지능은 자신의 감정을 규명하고 이해하고 표현하고 조절하고 현명하게 활용하는 모든 능력을 아우른다. 정서 능력은 삶을 더 원활하게 헤쳐가도록 도울 뿐 아니라 더 나은 정신 건강, 더 만족스러운 인간관계, 더 큰 직업적 성공, 전반적인 행복 증진과도 연관된다. 여기서 수수께끼는 이것이다.

'지금까지 자기감정을 외면하거나 억누르거나 회피하는 습관이 있던 사람은 어떻게 해야 자기감정을 알아차릴 수 있을까?'

쉽게 바뀔 문제는 아니다. 자기감정 이면의 본질적인 진실에 도달하려면 조금씩 자기감정을 펼쳐서 분노, 짜증, 격분같이 밀접하게 연관되는 감정을 구별할 줄 알아야 한다. 지금 자기가 무엇을 어떻게 느끼는지 제대로 파악하는 것은 정서적 명확성과 정서 입상(emotional granularity, 정확성, 뉘앙스, 구체성을 충분히 발휘해 여러 감정을 분별하는 능력)을 기르는 데 필수다. 자신의 정서 상태를 정확히 읽어 내 제대로 된 이름을 붙이는 것이 중요하다.

## 나는 내가 제일 잘 안다

감정에 이름 붙이기 기초 단계는 정서 맥박을 재는 것이다. 하루에 몇 번씩 정해 둔 시간이 되면 하던 일을 멈추고 스스로 이렇게 물어보자.

'지금 내 느낌은 어떻지?'
'지금 느끼는 기분을 표현하는 단어는 무엇일까?'
'전반적인 내 마음 상태는 긍정, 부정, 중립 중 어디에 있을까?'

여기서 한 걸음 더 나아가고 싶다면 하루 동안의 감정을 그래프 곡선으로 나타내 보자. 그럼 하루 중 특정 시간, 생활 습관, 보고 듣고 행동하는 일과 관련된 감정의 패턴이 나타날 것이다. 일주일 후 일일 그래프를 살펴보자. 기분 수치에 주기적으로 나타나는 최고점과 최저점이 있는가? 꾸준하게 긍정적인 또는 부정적인 기분을 일으키는 요인이 보이는가?

물론 자신의 정확한 감정을 언제나 손쉽게 파악할 수 있다는 말은 아니다. 오히려 정반대다. 이유는 다양하다. 이를테면 죄책감과 수치심처럼 유사한 감정은 각각의 맥락을 세밀히 살펴야 하므로 정확히 구별하기가 어렵다.

때로는 자기감정을 알고 싶지 않아서 마음을 속일 목적으로 방어한다. 잠재의식에 감정을 묻어 두거나 억압해 의식적으로 그런 생각을 마음 밖으로 밀어내는 것이다. '반동 형성'이라는 방어 기제도 있다. 불편한 감정 또는 용납할 수 없거나 금지된 것으로 인식된 감정이 생길 때 다른 행동이나 반응을 보임으로써 진짜 감정을 숨기는 것이다. 셰익스피어의 《햄릿》의 유명한 구절인 "왕비의 맹세가 너무 수다스럽구나"라는 대사를 떠올려 보라.

의식하든 그렇지 않든 이런 방어 기제의 진짜 목적은 자기 보호다. 사람들은 저마다 자신을 좋게 여기고 다른 사람들 앞에서 체면도 지키면서 어찌 됐든 더 좋은 마음 상태를 유지하려고 애쓴다. 이제 자신의 이런 속사정을 깊이 들여다보면 어떨까?

연구에 따르면 분노와 슬픔처럼 뚜렷하게 구분되는 감정뿐만 아니라 분노와 짜증처럼 서로 매우 근접한 감정을 구분하는 능력은 긍정감, 자존감, 명확한 감정을 포함한 정서적 안녕과 밀접하게 연관된다.

이런 말을 하는 이유는 정서 입상으로 더 정확한 도구를 갖춘다면 앞으로 부딪힐 다양한 어려움에 거뜬히 대처할 뿐만 아니라 긍정적인 인생 경험에 따르는 최대의 즐거움을 맛볼 수 있기 때문이다.

# 감정 밑바닥에 깔린 진짜 문제

노스이스턴 대학교 심리학 교수인 리사 펠드먼 배럿(Lisa Feldman Barrett) 박사는 저서 《감정은 어떻게 만들어지는가?(How Emotions Are Made: The Secret Life of the Brain)》에서 경험한 감정을 섬세하게 가릴 줄 아는 사람은 감정 조절이 필요할 때 더 유연한 태도를 발휘할 수 있다고 했다.

뇌는 모호하고 붕 뜬 감정보다 특정 이름을 붙인 감정을 더 쉽게 관리하고 받아들이고 반응할 수 있다. 당연히 정서 입상이 높은 사람일수록 화났을 때 폭발하거나 폭음으로 슬픔을 달랠 확률이 낮다. 또 감정적으로 힘든 경험을 하더라도 그 안에서 긍정적인 교훈을 발견할 가능성이 높다. 정서 입상 수치가 낮은 사람보다 스트레스 상황에서 회복력도 좋다. 한 가지 이유는 자신의 감정을 더 정확히 규명할수록 그 감정에 과민하게 반응하는 대신 적극적으로 행동할 확률이 높기 때문이다.

캘리포니아 대학교 로스앤젤레스 캠퍼스(UCLA)에서 실시한 연구에서는 일부 시험 참여자에게 20분간 자신의 감정을 자유롭게 글로 표현해 보라고 했다. 기능적 자기 공명 영상 스캔을 살펴보니 감정에 이름을 붙이는 행위는 감정을 다른 기능과 통합하고 운동 활동을 조절하는 뇌 부위의 신경 활동을 높였다. 반면 두려움과 불안을 처리하는 지휘 본부인 아미그달라의 신경 활동은 감소했다. 한편 정서와 상관없는 주제로 글을 쓴 사람들은 뇌 활동에서 변화가 나타나지 않았다.

마음을 담아내는 글쓰기의 장점을 밝힌 연구가 많다. 특히 스트레스, 트라우마, 불안, 상실에 대처하는 데 큰 도움이 된다는 것이 공통된 의견이다. 텍사스 대학교 교수 제임스 페니베이커(James Pennebaker) 박사가 여러 차례 보여 준 것처럼, 마음 글쓰기는 자신의 감정을 이해하고 소화하는 데 유익하다. 글쓰기는 온전히 혼자서 할 수 있는 활동이다. 페니베이커 교수는 하루 중 시간을 정해 방해받지 않는 장소에서 최근 또는 그 순간까지 경험한 감정을 적어 보라고 권한다.

'내가 지나치게 많이 생각하거나 걱정하는 문제는 무엇일까?'
'최근 머릿속을 떠나지 않는 꿈이 있다면 무엇인가?'
'나는 내 삶의 어떤 문제나 느낌을 피하려고 애쓰고 있을까?'

맞춤법도 신경 쓰지 말고 써 놓은 것을 손보려고도 하지 마라. 그저 자기감정을 자유롭게 쓰면 된다. 이 활동을 3~4일간 꾸준히 해 보자. 그러고 나서 계속하든 그만두든 원하는 대로 하라. 이 연습은 자신만을 위한 것으로 비밀스러운 자기감정을 자세히 들여다볼 수 있는 방법이다.

## 감정도 맞들면 낫다

자기감정을 잘 알게 되면 다른 사람과 소통하고 유대감과 위안을 얻을 수 있다. 덕분에 좌절하거나 미칠 것 같을 때 '난 혼자야'라는 기분이 들지 않게 된다. 이를 잘 보여 주는 에피소드가 있다.

정치적으로 매우 불안했던 지난여름 어느 날, 불법 이주자와 특히 부모와 떨어진 이주 아동에 대한 비인간적인 대우에 계속 분노와 절망을 느끼고 이런 감정을 표현하는 데 서슴지 않았던 워싱턴의 한 교육자는 소셜 미디어에 이런 메시지를 올렸다.

"기분을 이식받고 싶다. 지금 당장!"

몇 분 지나지 않아 이에 수많은 사람이 공감했고 구금된 이주민을 지원하거나 심지어 이들과 법원에 갈 방법이 없는지 아이디어를 짜내기 시작했다. 자기감정을 알아차리고 이를 표현하면서 고립감이 줄어들고 공동체의 구성원이 처한 위급한 상황을 해결하려고 노력함으로써 자신들의 감정도 개선할 방법을 찾은 것이다.

이렇게 행동하면 그렇지 않을 때보다 이점이 크다. 정서 입상이 낮은 사람, 특히 까다로운 감정에 무딘 사람은 자신의 나쁜 기분에 더 격하게 반응하는 경향이 있기 때문이다. 이렇게 반응 정도가 심해지면 부정적인 느낌을 꽉 붙들고 이에 집착하거나 스트레스를 일으키는 상황이나 문제를 상상할 수 있는 모든 각도에서 곱씹게 된다. 두 가지 모두 침울한 기분과 부적절한 대처로 이어지는 토끼굴로 들어가는 것과 마찬가지다.

자신이 주변 사람에게 지금 얼마만큼 스트레스를 받고 있는지 계속 말했다고 하자. 정신적으로나 신체적으로 지치고 긴장되는 상태를 계속 곱씹으면 더 기분이 나빠질 확률이 높다. 안 좋은 기분을 잊어버리려고 칵테일이나 와인을 몇 잔 마시거나 진수성찬을 차려 먹는다고 해도 전혀 나아지지 않을 것이다.

오히려 지금 느끼는 감정의 밑바닥에 무엇이 깔려 있는지 파헤쳐서 자신의 진짜 느낌이 초조함이나 버거움이라는 사실을 깨닫는다면, 그 느낌을 불러일으킨 정확한 원인을 찾아낼 수 있을 것이다. 예를 들어 코앞에 닥친 일이나 직장에서 맡은 과중한 업무가 아닐까? 그럼 그 상황을 즉각 처리할 방법을 생각해 볼 수도, 불쾌한 감정을 해소하거나 진정할 더 나은 방법을 떠올릴 수도 있게 된다.

# 내 감정을 꺼내는 시간

자유 연상은 마음속 거미줄을 치우는 데 도움이 된다. 마치 먼지 쌓인 지하실로 이어지는 낡은 문을 열어젖히고 빛과 신선한 공기로 환기하는 것과 같다. 이렇게 하려면 하루 중 몇 시간 간격으로 잠시 멈춰 지금 하는 일, 읽는 것, 보는 것, 생각에 관한 느낌을 살펴야 한다.

대충 '스트레스 받는, 초조한, 화가 나는' 등등의 한 단어가 떠오르면 좀 더 파고들어 이 두려움이나 성가심 같은 감정을 생각해 보자. 혼자 있을 때 아무도 눈치 보지 않고 큰 소리로 자기감정을 말하다 보면 자신의 진짜 생각이나 느낌이 튀어나올지도 모른다. 계속 마음에 담아두려고 어마어마한 에너지를 소모하던 바로 그 감정이 드러나는 것이다. 이것이 바로 나

만의 감정 가방을 여는 일, 내면을 차지하고 있던 감정의 매듭을 풀어내는
일이다.

## 감정을 표현하는 풍부한 단어들

추상적으로 생각만 하면 정확히 자신이 느끼는 것을 짚어 내기 어렵다.
이는 구체적인 감정을 알아챈다기보다 '근심'이나 '예감' 같은 감정의 소용
돌이를 보는 것밖에 안 된다.

내가 느끼는 감정의 뿌리까지 확인하고 싶다면 5분 정도 시간을 내서
다음 단어 모음을 살펴보라. 자신의 반응을 가려내는 데 더 시간이 필요하
다면 5분을 넘겨도 좋다. 그다음 최근 기분 상태를 가장 잘 표현한 감정을
골라 보라.


낙천적인 / 겁나는 / 풀이 죽은 / 후회하는 / 패닉 상태 / 수치 / 혐오 / 혼
란 / 긍정적인 / 굳은 각오 / 분노한 / 공격적인 / 공감하는 / 냉담한 / 불신
하는 / 비탄 / 받아들이는 / 슬픈 / 짜증이 나는 / 충격을 받은 / 번민하는 /
결심이 굳은 / 원기 왕성한 / 열정적인 / 이타적인 / 초조한 / 고립된 / 관
대한 / 실망한 / 존중받지 못한 / 취약한 / 자기비판적인 / 희망에 찬 / 변
덕스러운 / 명랑한 / 즐거운 / 인정 많은 / 좌절한 / 소외된 / 속수무책인


이 단어들을 살펴봤는데 다른 느낌이 떠오르거나 자신에게 맞는 표현이
없다면 이 단어 모음 옆이나 빈 곳에 적어 두라.

이제 5분간 최근 마음 상태가 어땠는지 생각해 보고 떠오르는 표현이나 장면 또는 단어를 적어 보자. 지금이야말로 아무런 제한이나 제약 없이 원하는 대로 자기 느낌을 적어 볼 기회다.

어떻게 시작해야 할지 몰라 당황스럽다면 자신, 주변, 국가, 세계에 최근 벌어진 일에 어떻게 반응했는지 되돌아보길 바란다. 아무도 보는 이가 없을 때의 진짜 내 감정이 무엇이었는지에 집중하면서 최대한 솔직하게 적자. 적은 것을 판단하거나 검열해서 고치려고 하지 말고 생각나는 대로 자유롭게 적길 바란다. 목록이 완성됐다면 적어 놓은 단어의 순서를 살펴 보자.

시작은 완전히 부정적이었지만 점점 희망적인 느낌으로 나아가는가?
다양한 느낌을 오가며 내적 긴장이나 마찰을 드러내는가?

적은 단어가 온통 긍정적인 것뿐이라면 자신의 감정을 일부 부인하고 있을지도 모른다. 표면 아래에 놓인 감정들을 찾으려 하기보다 겉치레만 염두에 둔 것이다. 그럼 이렇게 생각해 볼 수 있다.

'이건 처음에 튀어나온 가볍고 본능적인 패턴이고 여기에 뒤따르는 더 복잡한 생각과 느낌이 있지는 않을까?'

그렇다면 평소에 이를 충분히 되돌아볼 여유가 있는지 생각해 보라. 매우 지적인 단어나 표현을 먼저 적었다면 얇은 가면을 쓰고 세상을 살아간다는 신호일지 모른다. 감정에 더 솔직해지고 친숙해지려고 노력하는 게 자신에게 더 유익하다.

## 가면 안쪽의 내 진짜 마음

얼마 전 매사추세츠에 있는 크리팔루 요가 건강 센터에서 기후 변화에 따른 심리적 여파에 관한 워크숍을 진행한 적이 있다. 현재 기후 위기에 사람들이 느끼는 다양한 감정을 이해하도록 돕기 위해, 나는 참석자 40명 모두에게 '기후 변화'라는 표현을 들었을 때 마음에 떠오르는 단어나 표현을 무엇이든지 적어 보라고 했다.

이때 자신이 처음 적은 것을 고치거나 판단하지 말고 5분간 자유롭게 연상되는 것을 쏟아 내라고 했다. 5분 후, 두 사람씩 짝을 지어 서로가 적은 것을 이야기하고 거기에서 주제나 아이디어를 이끌어 내도록 했다. 참석자들은 새로운 자신을 발견하는 데 큰 흥미를 느끼며 적극적으로 참여했고 토론 시간이 끝나자 무척 아쉬워했다.

자기 발견의 시간에 참석자들은 들떴다. 그들은 자신의 감정을 돌아보고 서로의 단어 모음을 이야기하면서 자연스럽게 자신과 비슷하게 반응하는 유형을 찾을 수 있었다. 참석자 모두가 자신이 주변에 어떤 영향을 받고 있으며 그동안 얼마나 다양한 감정을 억누르고 자제했는지 깨달은 듯했다. 모두에게 뜻깊은 경험이었다.

# 집안마다 분위기가 다른 이유

    감정을 열어 보다가 다른 종류의 감정이 튀어나와도 놀라지 마라. '초감정(meta-emotion)'이라는 현상이 일어나면 겁내는 자신에게 화가 날 수도, 초조해하는 자신이 슬퍼질 수도 있다. 생소하겠지만 초감정이란 자기감정에 대한 느낌이나 반응을 일컫는데, 일차 감정에 나타나는 이차 감정이다. 이차감정은 매번 즉각 뒤따른다기보다 층을 이루거나 포개져 있다. 처음 감정을 느낀 뒤로 몇 시간 또는 며칠이 지나서 그 여파로 나타날 수 있다.

    예를 들어 승진한 동료를 질투한 것이 부끄러워질 수 있다. 사소한 오해로 배우자에게 화낸 것에 죄책감이 들 수도 있다. 온종일 뉴스피드를 수시로 확인하는 자신에게 짜증이 나는 것도 초감정이다. 문제는 초조해하거나 화를 내는 자신 때문에 짜증이나 죄책감을 느끼면 일차적인 느낌과 정서적 염증이 더 커진다는 것이다. 결국 세 가지 문제가 생겨 서로를 복잡하게 만드는 형국이 되고 만다.

초감정은 시기와 방식에 관계없이 매우 흔한 현상이다. 세인트루이스 워싱턴 대학교의 연구 팀은 지역에 거주하는 성인 79명에게 7일간 자기 감정을 추적하고 자신의 정서적 반응을 살펴보라고 했다. 시험 참여자 중 53%가 일주일에 약 2회 초감정을 경험했다고 밝혔다. 가장 많이 나타난 초감정은 우울 증상에 대한 부정적인 느낌이었다.

흥미롭게도 정서적 고통에 대한 내성도 초감정으로 간주한다. 이는 자신의 부정적인 감정을 허용하거나 받아들일 능력을 보여 주기 때문이다. 정서적 고통에 내성이 낮은 사람은 언짢거나 초조한 느낌을 감당하기 어려워할 때가 많다. 그 결과 부정적인 감정 때문에 일시적으로 제 실력을 발휘하지 못할 수도 있다.

## 부모에게 물려받는 감정

삶의 많은 문제가 그렇듯이 감정을 대하는 부모의 신념과 행동은 자녀가 자신의 감정을 알아채고 이를 참아 내는 데 지대한 영향을 미친다. 그리고 불편한 감정일수록 자녀가 더 크게 영향을 받는다. 어떤 부모는 어린 자녀가 힘든 감정을 느낄 때 이를 더 포용하고 지지한다. 이들은 코치의 접근법을 사용해 자녀가 고통스러운 일에서 느끼는 감정을 함께 이야기하고 이를 알아준다. 이 기회로 자녀가 자기감정을 친숙하게 대하고 잘 이해하도록 돕는 것이다.

이와 반대로 감정을 쫓아 버리는 부모도 있다. 이들은 감정을 대수롭지 않게 여겨서 자녀의 감정을 무시하거나 부인하거나 물리치곤 한다. 연구에 따르면 감정을 코치하는 부모의 자녀는 감정을 쫓아내는 쪽을 택하는 부모의 자녀보다 정서적 문제에 덜 취약하고 정서를 조절하는 기술도 탄탄하다. 이렇게 감정을 다루는 방식은 분명 부모의 것이지만 자녀는 어린 나이에 부모의 방식을 내면화하며 성인이 돼서도 유지하는 경우가 많다.

40세의 예술가 줄리는 정서적으로 세심하게 챙겨 주지 못한 부모에게서 자랐다. 줄리의 부모는 자신들의 삶에 몰두해 있었다. 줄리가 새 학년이 되는 것을 걱정하거나, 싫다는데도 오빠가 짓궂게 놀려서 화를 내거나, 학교에서 못된 친구 때문에 속상해할 때마다 부모님은 "너무 그렇게 예민하면 못 써!"라든가 "태연할 줄도 알아야지"라며 줄리의 기분을 무시하기 일쑤였다. 그러면서 줄리는 자신의 정서적 반응을 부끄러워하게 됐다.

줄리가 자기도 모르게 내면화한 이 각본은 대학 시절과 20대를 보낼 때까지 마음이 동요하는 어려운 상황에 부딪힐 때마다 머릿속에서 그대로 돌아갔다. 줄리는 30대에 들어 치료를 받으러 가서야 부모님 말처럼 자신이 과민한 게 아니었다는 사실을 깨달았다. 단지 줄리는 매우 감성적인 사람이라 이따금 몰려오는 불안에 취약한 것뿐이었다. 머릿속에 있던 이름표를 바꿨더니 내밀한 감정을 부정적으로 판단하거나 과잉 반응하지 않고 한결 수월하게 파악할 수 있었다. 덕분에 훨씬 능숙하게 자신의 감정을 대처하게 됐다.

이는 전혀 놀라운 일이 아니다. 자신의 느낌과 행동을 가혹하게 판단하면 자신을 옥죄는 듯한 기분이 든다. 그래서 설령 잘못됐다 할지라도 방어하거나 보호하려는 원시적인 방법에 의존하게 된다.

예를 들어 갈등 상황에서 불안감 때문에 안절부절못하고 잔뜩 움츠러들어 잠재적 위협으로 느껴지는 사람에게서 자신을 분리할 수도 있다. 부모나 다른 권위적인 인물에게 과소평가된 경험이 있는데 최근 회의에서 자신이 한 말에 동료가 반대해서 자존심이 상했다고 하자. 이 사람은 동료에게 직접 확인해서 사안을 명확하게 밝히기보다 과거에 일어난 일에 근거해 상황을 해석할지도 모른다. 아니면 그 동료가 어떻게든 자신에게 피해를 줄 기회를 노리고 있다며 의심할 수도 있다.

이 경우 자신의 느낌을 부정적으로 판단해서 사고력과 창의적인 문제 해결력을 차단하고 더 나쁜 기분에 빠져들게 만든다. 자신이 바라는 바도 아니며 필요하지도 않은 결과다.

실체는 이렇다. 감정을 느낀 자신은 전혀 문제가 없다. 그런 자신을 대하는 반응이 문제다. 이때 필요한 것은 자기감정에 대한 판단을 멈추고 그동안 자신을 괴롭히던 통제 불능 상태를 끝내는 것이다. 그럼 더욱 열린 자세로 자기감정을 수용하게 된다. 건강하고 건설적인 방법으로 자신의 감정을 이해하거나 활용한다는 개념도 받아들일 수 있다.

달리 생각해 볼 수도 있다. 자기감정을 모른다는 것은 고장 난 가전제품을 고치겠다면서 덮개를 열고 내부에 문제가 있는 곳을 살피지 않는 것과도 같다. 표면적인 느낌뿐만 아니라 마음속 깊은 곳의 진짜 감정이 무엇인지 조사하고 나면 자신을 괴롭히는 문제를 해결할 방법을 떠올릴 수 있다.

# 감정을 잘 다루는 어른이 되는 법

　자신의 감정을 쏟아 내거나 펼쳐 보면 생각만큼 압도적이거나 버겁지 않은 경우가 많다. 나를 괴롭히는 진짜 원인을 알아내면 겁낸 만큼 문제가 심각하지 않음을 깨달을 수도 있고 생각보다 쉽게 해결할 수 있다는 사실을 깨달을 수도 있다. 흐릿하고 깜깜하고 이름 없던 위협에 이름을 붙이고 나면 그 문제가 주는 영향력에 금이 간다. 적극적으로 자신을 돌아보면 그런 위협도 쉽게 다룰 만한 문제로 바뀌게 된다.

　이번에는 무의식 수준에서 생각해 보자. 감정에 이름을 붙이는 경험, 즉 감정을 단어로 표현하면 부정적인 자극에 대한 아미그달라의 반응을 줄인다. 결국 정서적 반응을 감소시킨다. 또한 감정에 이름을 붙이는 활동은 뇌의 충동과 정서적 반응을 통제하는 영역(전전두엽 피질), 몰입하는 영역(전전두엽 피질과 두정엽 피질), 기획, 추론 등 고도의 뇌 기능을 담당하는 영역(전전두엽 피질)을 활성화한다.

다시 말해 매우 반발적이고 감정적인 뇌 부위의 활동은 늦추는 한편, 차분하고 냉정하고 이성적인 뇌 부위가 눈앞의 문제에 더 큰 영향력을 발휘하게 만든다. 정서 조절에도 윈윈하는 것이다.

게다가 감정을 판단하지 않고 이름을 붙이는 행위는 감정 자체에서 일정한 거리를 두게 되는 장점이 있다. 자신의 불안이나 분노를 있는 그대로 이해하고 나면, 그것은 나를 통째로 집어삼키는 감정이 아니라 나와는 분리된 외부의 것이 된다. 이는 마음챙김 실천법과도 일맥상통한다. 이렇게 감정을 객관적으로 바라볼 때 날것의 감정과 자신 사이를 떼 놓고 그 느낌과 관계를 맺거나 그 느낌에 반응할 방법을 선택할 수 있다. 더는 그 느낌을 그대로 표현할 필요가 없게 되는 것이다.

"초조해", "화가 나"라는 말보다 "초조한 기분이 들어", "화가 나는 기분이야"라는 말로 감정에 이름을 붙이는 것이 중요한 것도 이런 이유에서다. 나의 느낌이 곧 나는 아니다. 그러니 현명하게 단어를 선택하자.

## 해 본 사람과 하지 않은 사람의 차이
자기감정을 회피하거나 제대로 살펴보지 않는 것과 자기감정을 펼쳐서 확인하는 것의 차이는 어마어마하다. 밤중에 안개 속을 헤치고 도로를 운전하는 것과 대낮에 확실하게 길을 찾아가는 차이와 같다. 자신의 감정이 무엇인지 또는 어떻게 느끼는지 알아내면 대처법을 찾아내는 관점과 지식과 통찰을 얻을 것이다. 이를 통해 문제의 해결책을 찾으려고 노력할 수도 있고 너무 혼란스러워하지 않고도 나의 현재 마음 상태를 받아들일 수도 있다. 후자의 경우 남은 질문은 이것이다.

'감정을 잘 견뎌 내거나 정서적 평형 상태를 회복하기 위해 무슨 일을 할 수 있을까?'

조용히 앉아 심호흡하고 불안감이나 굴욕감이 흔적도 없이 증발해 버리는 장면을 시각화하는 것도 도움이 된다. 산책을 나가 활기차게 걷거나 일기장에 자신의 느낌을 쏟아 내거나 그림으로 표현하는 것도 좋다. 모든 감정에 딱 맞는 분출 방법은 없으며 사람에 따라 다른 방법이 더 끌릴 수도 있다.

분명히 말하건대 궁극적인 목표는 장기간 자신의 감정, 특히 고통스러운 감정을 세밀히 조사하고 관리할 방법을 찾는 것이다. 그러려면 우선 자신의 감정을 흑백으로만 보지 말고 주의를 기울여 다양한 색조로 보는 능력을 길러야 한다.

감정표현 불능증이 있는 사람을 포함해 절대다수는 자신의 정서적 경험에 이름을 붙이는 능력을 키울 수 있다. 이것이 정서적 염증을 가라앉히는

첫 단추이자 필수 단계다. 자신의 감정을 솔직하고 정확하게 해석하지 못
한다면 이를 건설적으로 해결할 방법을 결코 찾을 수 없다.

# 2장

# 내면의 불씨
# 다스리기

"우리는 감정이나 생각의 피해자가 아니다. 자신만의 불씨를 알아차리고
이를 활용하면 더 객관적으로 반응할 수 있다."

**-엘리자베스 손튼(Elizabeth Thornton)**

영국계 캐나다 작가

# 모두에겐 각자의 사정이 있는 법

앨리스는 알코올 중독인 부모 아래 어지러운 집안 분위기에서 자랐다. 하지만 자신을 아껴 주는 사랑 많은 남자와 결혼해 심리적으로 건강하게 아이 둘을 길렀다. 앨리스는 의료 컨설턴트로서 사업도 잘 키워 나갔고 위안과 용기를 주는 긍정적인 친구들이 곁에 있었으며 생활 습관도 건강하고 활동적이어서 몸도 튼튼하고 활력이 넘쳤다. 부족할 것 없는 인생이었다. 그런 앨리스가 48세에 난생처음 낮이면 신경이 곤두서고 밤이면 잠을 이루지 못했다. 도무지 이유를 알 수 없었다.

특별히 걱정되는 바를 말해 보라는 질문에 앨리스는 국가를 제대로 이끌지 못하는 지도자, 언제든 일어날 전쟁, 총기 폭력, 위협받는 인권 등 시사 문제를 전부 늘어놓았다. 앨리스는 컴퓨터나 스마트폰으로 뉴스를 꼬박꼬박 확인하면서도 뭐든 놓칠까 봐 몹시 두려워한다는 점을 인정했다.

그녀가 어렸을 때는 가족의 기분이 어떻게 달라지나 늘 예의주시한 덕분에 지뢰밭을 피할 수 있었다. 그때 생긴 과잉 각성이 지금 앨리스에게 감정적 동요를 일으키고 있었다. 뉴스 매체에서 끊임없이 보도하는 소식 하나하나에 반응하고 있었기 때문이다.

## '갑자기 왜 저래?'라고 생각하는 일들

우리 모두에게는 정서적 반응이나 불편한 상태를 불러일으키는 각자 다른 이유들이 있다. 어린아이나 동물이 다치는 모습을 보거나 무례한 대접을 받거나 걱정스러운 뉴스를 계속 접할 때처럼 사람들에게 공통적으로 영향을 미치는 요인도 있다.

이와 달리 개인사, 집안의 사연, 기질, 문화, 가치, 이상, 개인적 신념을 포함해 한 개인을 고유한 존재로 만드는 모든 요소에 근거한 각자만의 요인도 있다. 감정을 유발하는 요인의 공통점은 강한 불쾌감 또는 어떤 식으로든 안정이 깨지는 듯한 느낌을 자아낸다는 것이다. 이례적으로 감정이 격해진다는 것도 공통된 특징이다.

개인의 삶에 나타나는 정서적 촉발 요인은 보편적이거나 추상적인 요인보다 더 알아차리기 쉬울 때가 많다. 자신과 연관되기 때문이다. 예를 들어 가족, 동료, 이웃의 목소리와 행동에서 지나치게 비판적인 부모님이나 엄한 선생님의 흔적을 볼 수 있다. 또 내게 중요한 것, 좌절감을 안겨 주는 것, 나를 미치게 만드는 것에 관한 메시지를 담은 경우가 많다. 이런 요인은 과거의 트라우마가 남긴 것(어쩌면 정서적 후유증), 어렸을 때 당했던 방임, 다양한 형태로 당했던 부당한 대우를 드러낸다. 개인 수준에서 나타나는 공통적인 촉발 요인 몇 가지를 소개한다.

- 다른 사람들 앞에서 누군가가 자신을 무시하거나 난처하게 만들거나 창피를 줄 때
- 믿었던 사람에게 거부당하거나 잊히거나 버려진 느낌이 들 때
- 누군가가 노골적으로 자신을 조종하거나 통제하려고 할 때
- 힘든 상황에서 무력하고 무능하고 위험하다고 느껴질 때
- 도움을 구하고 싶은 누군가가 신체적, 정서적으로 멀리 있을 때
- 사리사욕을 쫓는 누군가에게 이용당하거나 조종당할 때
- 간과되고 무시당하고 거절당하고 배제된다고 느껴질 때
- 내가 늘 따르는 사람에게 비판, 판단, 반대를 당했을 때
- 감당할 수 없는 장소나 상황에 꼼짝없이 갇혔다고 느껴질 때
- 믿었던 사람에게서 사생활 침해를 당했을 때
- 내가 늘 호의를 베푼 사람이 실망을 안기거나 나를 지지하지 않는다고 느껴질 때

## 집단마다 받는 가지각색의 스트레스

2018년에 미국심리학회는 '미국의 스트레스: Z세대'라는 설문 조사를 벌

였다. 미국에서 총 3,458명이 참여한 이 조사에서, 최근 뉴스에 나오는 여러 사안에 Z세대 응답자가 보고한 스트레스 지수는 대다수 성인보다 높았다. 특히 총기 폭력, 이주민 가족 간의 분리와 국외 추방 등의 이주 문제, 성추행 등은 Z세대에게 큰 스트레스 요인이었다.

한편 나를 포함한 일부 사람은 기후 변화의 심각한 영향에 관한 최신 보고서를 읽을 때 어마어마한 스트레스를 받는다. 이런 정보는 깊은 '생태 슬픔(ecological grief)'을 일으킬 수 있다. 생태 슬픔이란 종(種), 생태계, 자연 경관의 파괴나 손상 등 현재 겪거나 예견되는 환경적 상실이나 붕괴가 일으키는 깊은 슬픔이다. 특히 자연에서 보내는 시간을 소중히 여기거나 환경 보호와 천연자원 보존을 위해 전력을 다하는 사람이라면 생태 슬픔에 취약할 수 있다.

미국심리학회와 '건강을 위한 기후(Climate for Health, 미국 내 여러 의료 지도자 네트워크로 구성된 기후 변화 연구 기구-옮긴이)'가 2017년 제작한 보고서 〈정신 건강과 변화하는 우리의 기후(Mental Health and Our Changing Climate)〉에는 이렇게 기록됐다.

"일반적으로 기후 변화는 우리의 일상적인 걱정거리에 추가되는 스트레스 요인이다. 지원받을 자원이 풍부한 사람은 이 스트레스가 감당할 만한 대상이겠지만, 그런 자원이 부족하거나 이미 여러 스트레스 요인에 노출된 사람에게는 기후 변화에 대한 걱정만으로도 자신의 한계에 다다를 수 있다."

개인적 촉발 요인과 공동의 촉발 요인은 단독으로든 결합해서든 자신이 깨닫지 못한 상황에서 정서적 염증에 불을 댕길 수 있다. 유독 불쾌하거나 고통스러운 감정을 유발하는 것을 언제나 쉽게 분별할 수는 없다. 하지만 자기감정의 기반을 탐색하는 과정은 정서적으로 자신과 더 가까워지는 길이다. 이로써 강인함, 탄력성, 더 나은 대처력을 갖출 수 있다.

스위스 출신 정신과 의사로서 분석 심리학을 창시한 칼 융(Carl Jung)은 이렇게 말했다.

"무의식은 의식의 수면 위로 올라오기 전까지 우리의 인생을 뒤흔드는데 사람들은 이를 운명이라 부른다."

당신이 이렇게 살길 바라지는 않을 것이다. 우리의 목표는 어두운 마음에 빛을 비춰 자신을 휘감고 있는 불분명한 공포를 파헤치는 것이다.

# 왜 자꾸 비슷한 문제가 생길까?

　평탄한 길을 걷던 기분이나 마음 상태가 갑자기 낯선 곳으로 방향을 트는 이유가 궁금하다면 지금이 미스터리를 밝힐 때다. 되감기 버튼을 눌러 최근 일들을 되돌아보면서 지금 그 감정을 처음 느낀 때를 짚어 보자. 최근에 목격했거나 읽었거나 들었거나 경험한 일에 실마리가 있다. 자신에게 이렇게 물어보라.

'방금 무슨 일이 벌어진 거지?'

'왜 갑자기 이런 느낌이 들까?'

'이 감정을 느끼기 전에 나는 어떤 행동이나 생각을 하고 있었지?'

지금과 달리 기분이 좋았던 마지막 순간으로 생각을 되돌려 보자. 거기서부터 시작해 기분이나 마음가짐이 저조해진 결정적인 시점과 그 순간에 벌어졌던 일을 알아내라. 기분 변화를 처음 일으켰던 순간까지 거슬러 올라가 버릇하면 점점 능숙하게 자신만의 촉발 요인을 알아차리게 된다. 문득 문제의 촉발 요인을 짚어 냈든 아무 수확이 없든 이렇게 자문하는 것도 유익하다.

'전에 이런 느낌이 든 적은 언제였을까?'
'이런 느낌이 들게 만드는 패턴이 있는 걸까?'
'내 삶에서 이와 비슷한 반응을 유도했던 다른 상황이 있었나?'

## 과거를 이해하기 위해 아픈 현재

우리는 모두 과거에 생긴 정서적 후유증을 안고 산다. 그중 많은 일이 의식 속에 묻혀 있다. 자문하면 방금 직장에서 목격한 굴욕적인 장면이 비판적인 엄마나 아빠의 호통을 되울린 사실을 깨달을 수도 있다. 편견에 사로잡힌 정치인이 텔레비전 프로그램에 나와 하는 말에서는 어린 시절 옹졸한 이웃이 보인 추악한 모습이 떠올랐다는 것도 깨닫게 될 것이다.

이렇듯 우리 마음은 현재 벌어지는 일을 반복되는 경험이나 과거 사건과 연결 지어 이해하려고 애쓰는 것일지도 모른다. 과거와 현재 사건 사이의 정서적 연결 고리를 찾는 것이 그 순간에는 불편할 수도 있지만 적응능력에는 크게 도움이 된다. 그야말로 인간의 생존 기제의 일부라고 할 수 있다. 또한 이 능력은 타인을 향한 공감과 연민의 바탕을 이룬다.

연결 고리가 즉시 떠오르지 않아도 실망하지 말고 그 문제를 계속 품어 보라. 시간이 조금 지나면 과거와 현재의 연결 고리를 찾아내 '아하!' 하는 순간이 올 것이다. 경우에 따라서는 탐정처럼 더 깊이 파고들어야 할 수도 있다. 사람들은 저마다 고통스러운 촉발 요인을 자신에게서 숨기려는 경향이 있다. 이것이 자기 보호 기제다.

정확한 촉발 요인을 알고 싶지 않거나 특정 문제가 우리 자신을 흔들어 놓는다는 것을 인정하기 싫을 수도 있다. 그럼에도 불쾌한 감정을 유발하는 사람, 장소, 단어, 상황을 명백히 짚어 내고 나면 그런 감정의 장악력을 어느 정도 약화시키고 이를 건설적으로 해결할 방법을 찾게 된다.

하버드 대학교의 심리학자인 수전 데이비드(Susan David) 박사는 저서 《감정이라는 무기(Emotional Agility)》에서 이렇게 지적했다.

"감정은 오래된 일을 새삼 캐내어 현재 벌어지는 일을 인식할 때 고통스러운 과거 경험과 혼동하게 만든다."

이는 현재와 과거에 관련된 일이 트라우마일 때 더욱 맞는 말이다. 성폭행이나 강압적인 처사를 당한 적이 있는데 미투(#MeToo) 관련 추문이 떠들썩할 때 이 트라우마가 되살아난 경험을 했던 많은 여성에게 물어보라.

한편 이 연결 고리가 명확하거나 투명하지 않을 때도 있다. 이럴 땐 자신이 처한 특정한 심리 상태의 원인이 무엇인지 아리송해진다. 마음속에서 돌아가는 수많은 연상의 사슬을 인식하지 못하기 때문이다. 자신에게 가려진 채, 마치 있는 줄도 몰랐던 전선이 뜨거워져 회로 차단기가 작동하거나 퓨즈가 끊어지는 것 같은 상황이 벌어지는 것이다. 문제의 근원도 못 찾고 어디를 살펴야 할지조차 모를 때도 정서적 반응은 일어날 수 있다.

이런 경우 자신을 속상하게 만드는 현재 상황은 어린 시절이나 심지어 성인기 초기의 안 좋은 기억을 되살려 머릿속을 마구 뒤헝클기도 한다. 어렸을 때 학교에서 괴롭힘을 당했는데 직장에서 짓궂은 장난이나 놀림으로 느껴지는 일을 겪었다고 해 보자. 직장에서 그런 일을 겪는 순간 과거의 트라우마가 다시 떠오를 수 있다. 어렸을 때 비현실적인 성적 역할을 강요받았는데 현재 상사가 비슷한 태도를 보일 때도 같은 일이 벌어질 수 있다. 부담을 두 배로 느끼면서 자신은 그만큼 인정받지 못한다는 느낌이 들 것이다.

과거와 현재의 감정이 만들어 내는 소용돌이는 자신의 반응 유형에 따라 지금 느끼는 감정을 증폭하고 심지어 현재 상황에 과민 반응하게 유도할 수 있다. 반대로 자신의 상처를 돌보려고 정서적, 사회적으로 문을 걸어 잠그거나 판단이 흐려져 잘못된 방향으로 움직일 수도 있다.

## 나쁜 기운이 나를 좀먹기 전에 예방하기

부정적인 기억이 주는 타격은 엄청나다. 연구에 따르면 사람들은 긍정적인 기억보다 부정적인 기억을 더 생생하게 기억하는 경향이 있다. 특히 감각과 관련된 장면, 소리, 냄새 등 충격적인 기억이 풍부할수록 더욱 또렷하게 기억한다. 물론 나쁜 기억은 한동안 저 뒤에 물러나 있다. 마음속에 나타나지 않을 뿐이다. 그러다가 안 좋은 일이 발생하면 지나간 일이 떠오르면서 어두운 과거로 여행을 떠나는 폭주 기관차에 올라탄 듯한 기분이 들 수 있다.

현재 상황이 나쁜 감정을 일으키는데 그 부정적인 그림자가 과거의 괴로운 사건과 꼭 빼닮았다면 긍정적인 기억보다 부정적인 기억을 훨씬 더 쉽게 떠올릴 것이다. 마음속에 큐알 코드 스캐너가 있는 것과 같다. 스마트폰으로 큐알 코드를 스캔하면 즉시 원하는 상품의 정보를 볼 수도 있고 주차비를 낼 수도 있듯이 말이다.

감정과 기억에 우리 마음은 의도적인 노력이나 자각이 전혀 없어도 이런 일을 자동으로 실행한다.

예를 들어 자녀를 학대하거나 심리적으로 불안정한 부모 밑에서 자란 경우, 상사나 정치 지도자의 변덕스럽거나 비열한 행동을 보면 매우 개인적인 불안감이 생길 수 있다. 배우자가 바람을 피웠거나 무언가를 훔친 경우, 금융 기관 운영자나 특권 계층의 사람들이 저지른 거짓말, 부정행위, 도둑질, 갖가지 비행을 보면 분노, 광분, 혐오, 무력감을 더 쉽게 느낄 수 있다. 부모가 과음하고 무책임하게 행동하는 패턴이 있다면 주변 사람이 사교 모임에서 술을 얼마나 마시는지 매우 예민하게 살필지도 모른다. 이 상황에서 누군가가 말썽을 부리거나 술김에 억눌렀던 감정을 터뜨리거나 운전해서 귀가하지 못하면 어쩌나 싶어 몹시 안절부절못하는 상태가 되기도 한다.

이것이 바로 정서적 촉발 요인에 벌어지는 일이다. 무의식은 우리가 인식하지 못하는 연결 고리를 만든다.

현재의 감정 상태를 속속들이 살펴보고 과거의 어떤 사건이 현재 이런 반응을 부추기는지 살핀다면 자기감정을 통찰할 수 있다. 또 지금 여기에 속한 것과 그렇지 않은 것을 가려내 그 감정들을 더 수월하게 관리할 수 있다.

다른 좋은 점은 뒤에서 불어닥치는 감정에 휘둘리는 대신 그 경험을 헤쳐 가면서 차근차근 자신을 설득할 수 있다. 과거의 트라우마와 현재의 촉발 요인의 연결 고리를 자각하고 나면 자신에게 정서적 염증을 일으킬 확률이 높은 문제나 상황을 잘 이해하고 심지어 예상할 수도 있다. 그럼 더이상 허를 찔릴 일은 없다.

# 지나간 감정도 다시 보자

이제 현재 마음 상태를 탐구해 내 감정의 미스터리를 하나씩 풀어야 할 때다. 이 길에 들어서면 자기 이해와 자기 연민을 키우고 '나'라는 복잡한 사람을 더욱 존중하게 될 것이다. 나를 화나게 하거나 속상하게 만드는 세상일이 무엇인지 알아보기 위해 보이지 않는 마음속 깊은 곳까지 내려가 의식 저 밑에 놓인 것들을 살펴보자. 이 작업은 믿을 만한 친구나 배우자와 함께해도 좋다.

## 나의 감정 버튼을 누르는 문제들

다음 주제에 자신의 솔직한 감정을 생각해 보라. 이런 주제에 관한 생각이나 감정에 마땅한 또는 정치적으로 옳다고 생각되는 선입견에 휘둘리지 마라. 자유 연상을 하듯 마음에서 우러나오는 진짜 느낌을 포착하라. 그리고 가장 먼저 떠오르는 3~5가지 단어 또는 표현을 적어 보라. 단, 본능적으로 떠오른 것을 고치거나 바꾸지 마라.

요즘 일어나는 다른 사건이 정서적 염증을 일으키고 있다면 적어 보라.


기후 위기 / 미투 관련 추문 / 극심한 인권 침해 / 정치적 부패 / 인종, 종교, 성, 정치적 차별 / 환경적 위협(생활 속 독성 물질) / 불안정한 재정 / 자연재해 / 국가 간 위협 / 사회 분열 / 혐오 범죄 / 핵무기 위협 / 총기 폭력


곤혹스럽고 머릿속이 멍해지고 나열한 항목을 정확히 묘사할 단어가 떠오르지 않더라도 걱정할 것 없다. 크게 한 번 심호흡한 후 예시를 읽어 보라. 단 이를 너무 의지하거나 믿기보다 자신의 진짜 감정의 물꼬를 트는 자극제로 사용하길 바란다.


- 아동 학대: 혐오감, 슬픔, 두려움, 울화가 치밂
- 국수주의: 위협적임, 의지를 꺾음, 우울함
- 정치적 교착 상태: 심란함, 취약함, 모호함


목록을 다 채웠다면 이제 각 문제가 자신에게 미치는 영향을 0~3점(0은 중립, 3은 매우 큼)으로 값을 매겨 보자. 너무 많이 생각하거나 본능적인 반응

에 다른 생각이 덧붙지 않도록 신속하게 해야 한다. 점수 매기기가 끝났다면 자신에게 영향을 주거나 의미 있는 촉발 요인의 영향력을 높은 점수순으로 배열해 보자.

이를 보면 내가 근래에 무엇 때문에 화가 치밀었는지 알게 될 것이다. 112쪽의 최근 느낀 '감정 목록'으로 돌아가 이 감정들이 내게 가장 큰 영향력을 미치는 요인과 어떻게 관계되는지 살펴봐도 유익할 것이다.

좀 더 깊이 파고들고 싶다면 제시된 특정 문제에 내가 어떻게 반응했는지 생각해 보라. 예를 들어 미투 관련 추문을 떠올릴 때 혐오감, 모욕감, 슬픔, 위협감을 느꼈을 수 있다. 그다음 과거에 이와 비슷한 감정을 일으킨 상황을 겪지 않았는지 생각해 보는 것이다.

앞서 살폈듯이 과거의 정서적 상처나 반향은 현재 겪는 비슷한 모욕과 공격에 취약하게 만들 수 있다. 그리고 의식 밑바닥에 타다 남은 감정의 불씨가 다시 피어오를 가능성이 있다. 유독 민감해지는 일이 있다면 자기 주변에 다른 문제가 없는지 돌아보라.

또는 그 소식을 듣자 판도라의 상자가 열려 마음속의 다른 두려움과 걱정거리를 떠올리지는 않았는지 생각해 보라. 어쩌면 눈에 보이는 상처는 아물어 가는데 다른 속상한 사건이 터지면서 여물지 않은 딱지가 떨어지는 바람에 다시 상처 부위에서 피가 나는지도 모른다.

이럴 때 우리는 종종 몸으로 감정을 느끼며 때로는 마음보다 몸이 먼저 그 감정을 나타내기도 한다. 지금 느끼는 감정을 정확한 단어로 나타내기가 어렵다면 내 몸에서 단서를 찾는 것도 방법이다.

## 화나면 두근두근하는 것이 당연하다

핀란드의 연구 팀은 서유럽과 동아시아 문화권의 701명을 대상으로 비교 문화 연구를 했다. 이들은 시험 참여자들에게 다양한 단어, 이야기, 영화, 표정을 보여 준 뒤 신체 어느 부분에 자극을 받고 반응했는지 신체 윤곽 그림에 색깔로 표시하라고 했다.

이 연구에서 분노, 두려움, 혐오, 행복, 슬픔, 놀람 등 기본 정서는 호흡과 심장 박동의 변화 같은 가슴 윗부분의 활동 증가와 연관됐다. 팔과 몸통의 활동이 높아진 것은 분노와 연관됐다. 반대로 팔다리 감각 활동이 줄어든 것은 슬픔에 해당했다. 소화계와 목구멍의 활동 증가는 대체로 혐오와 연관됐다. 가장 흥미로운 사실은 문화권과 관계없이 모든 사람이 이같이 생각했다는 것이다.

머릿속이 꽉 막혀서 감정 버튼을 누르는 요인을 알아차리기 어려운가? 불안으로부터 자신을 보호하려고 잠재의식으로 문제를 막는 경우도 있다. 그렇다면 신체 감각에 주의를 기울여 지금 느끼는 감정에 대한 단서를 얻을 수 있다. 자신의 감정에 매우 민감한 사람도 때로는 몰래 다가오는 감정에 휩싸인다. 이때 감정의 실제 요인이나 이에 대한 자기 반응을 미처 깨닫기도 전에 몸에서 특정한 감각이 나타날지도 모른다. 사람은 누구나 맹점이 있어서 쉽게 걸려드는 반사적인 감정 상태가 있기 때문이다.

얼마 전, 예술 경영 컨설턴트인 수전은 가족 모임에서 이런 현상을 경험했다. 수전은 20대 때 부모님이 사기죄로 기소된 뒤로 온갖 풍파를 겪었다. 부모님은 파산 후에 결국 이혼했고 언니는 중독 문제로 재활 기관에 장기간 입원해야 했다. 가정에서 겪은 엄청난 상실로 마음에 상처가 있었는데도 수전은 정서적으로 바람직한 성인으로 성장했다. 건강한 결혼 생활을 하며 소중한 세 아이를 길렀고 일에서도 승승장구했다.

시간이 흐르면서 정서적으로 의존적인 부모님과도 돈독해졌다. 부모는 각자 재혼했지만 수전이 집안의 믿을 만한 어른인 것처럼 자주 수전에게 기대곤 했다. 수전은 지혜롭게도 부모님의 결함과 약점을 익히 알고 있어서 어떤 일이 펼쳐질지, 이를 피하거나 해결하려면 어떻게 해야 할지 훤히 알고 있었다.

그러던 어느 날, 수전의 45번째 생일을 맞아 아버지와 그의 두 번째 부인이 찾아왔다. 수전은 당시 뉴스를 떠들썩하게 달궜던 내부자 거래 기소에 관해 대화를 나누던 중 허를 찔렸다. 수전의 아버지가 느닷없이 대화를 엉뚱한 방향으로 틀어 가족사를 이야기하며 자신이 가해자가 아니라 피해자라는 식으로 말한 것이다.

수전은 갑자기 오한을 느끼면서 팔, 다리, 몸통이 덜덜덜 떨렸다. 곧 엄청난 불안, 동요, 광분에 휩싸일 것 같은 예감이 들었다. 수전은 20대에 수시로 경험한 정서적 염증이 불거지는 것을 막으려고 주방에 볼일이 있다며 잠시 대화에서 빠져나왔다.

수전에게는 그 방법이 최선이었다. 자신을 자극하는 상황으로 말미암아 부정적 감정이 격해지거나 깊이 뿌리를 내리기 전에 물리적인 거리를 둠으로써 정서적 반응을 일찍 차단할 수 있었다. 몸이 보내는 신호를 알아차리지 않았다면, 상황이 어떻게 돌아가는지 까맣게 모른 채 꼼짝없이 당해 결국 정서적 염증이 심해질 대로 심해졌을 것이다.

# 나쁜 기분에서 빠져나올 수 없다면

 

 

나의 정서적 염증을 일으키는 원인을 찾으려면 주변에서 벌어지는 일뿐 아니라 자기 생각을 잘 들여다봐야 한다. 때로는 보고 듣는 것, 다른 사람들의 행동, 과거에 일어난 일과 미래에 일어날 일에 내가 어떻게 생각하는지가 특정 감정을 유발하거나 증폭할 수 있다. 보고 듣고 냄새 맡고 맛볼 때 머릿속에 잠깐 떠오르는 생각이나 장면까지 꼬리에 꼬리를 물고 이어져 토끼굴에 빠지게 만든다.

그러면서도 이런 생각의 사슬을 인식하지 못할 수도 있다. 간밤에 꾼 꿈이 이튿날 온종일 맴돌아 기분이 오르락내리락할 수 있다. 어떤 사람들은 나쁜 꿈이나 악몽을 꾸고 눈을 뜨면 그것이 꿈이었다는 생각에 안도하지만, 어떤 사람들은 꿈속에서의 기분이 깨어난 후에도 그대로 남아서 무겁고 침울한 기운에 휩싸이거나 그날 기분이 엉뚱한 방향으로 흘러갈 수도 있다.

게다가 자신의 느낌, 생각, 판단은 여러 가지 이차 감정(초감정)을 일으키기도 한다. 심신이 지쳐서 모임 초대를 거절하고는 '그렇게 말한 내가 이기적이다'라고 판단했다고 하자. 자신이 이기적이라는 생각은 거절이라는 행위에 죄책감을 일으키고 여러 불쾌한 감정이 나타날 수 있다.

이와 마찬가지로 자기 감정을 짚어 볼 때, '내가 감정적으로 반응했으니 이건 틀림없어'라고 생각하고 나면 이미 느낀 감정이 강화되거나 더 강렬해지거나 여러 가지 이차 감정을 끌어낼 수 있다. 회사 일이 너무 벅차서 도저히 감당할 수 없다는 생각이 들면, 바로 그 생각 때문에 불안감이 점점 높아질 수 있다.

## 지금 든 기분이 진짜일까?

이런 이유에서 부정적인 생각을 그대로 받아들이고 속상해하기보다 다른 방법을 택하는 편이 낫다. 정말 지금 든 생각이 맞는지, 어쩌면 더 정확할지 모를 다른 생각으로 바꿀 필요는 없는지 자신에게 묻고 답하는 습관을 들여야 한다.

대다수 사람은 자신에게 가혹한 판사이자 최악의 비평가다. 서서히 고통스럽게 자기 자신을 깎아내린다. 중요한 것은 자기 생각을 전부 믿을 필요도 없고 그 생각 때문에 감정이 휘둘릴 필요도 없다는 사실이다. 우리는 때로 근거 없이 왜곡되고 명백히 틀린 생각을 하기도 한다. 그리고 이럴 때 자신에게 거짓말을 해 놓고 타당하지도 않게 자기 기분을 망쳐 놓는다.

또 하나, 몸과 마음은 서로 영향을 주고받기 때문에 몸의 균형이 흔들리면 감정의 균형도 깨진다. 그래서 작은 일에도 쉽게 흔들릴 수 있다는 점도 염두에 두길 바란다. 간밤에 잠을 뒤척였을 때, 몸이 아프거나 지쳤을 때, 몇 시간 동안 아무것도 먹지 못했을 때, 너무 밝은 조명이나 심한 소음 또는 북적대는 곳에서 많은 자극에 노출될 때, 이런 상황에서는 감정이 쉽게 불쾌한 방향으로 치우칠 수 있다.

2017년 볼티모어에 있는 존스 홉킨스 의과 대학에서 수행한 연구에서도 이와 같은 결과가 나왔다. 8시간 동안 매시간 눈을 뜨게 만드는 방해물 때문에 하룻밤을 설친 경우, 긍정적인 기분이 급격히 감소해 부정적인 감정에 더 쉽게 빠지는 것으로 드러났다. 그야말로 정서적인 반응은 여러 요소가 작용해 나타난다.

이 밖에 나이도 감정에 영향을 미친다. 캘리포니아 대학교 연구 팀은 청년, 중년, 노년의 성인에게 강렬한 슬픔, 심한 혐오, 중립적인 정서를 일으키는 영화를 보여 줬다. 결과를 살펴보니 슬픈 영화에 대한 반응은 연령에 따라 큰 차이가 있었지만 중립적이거나 혐오를 일으키는 영화에 대해서는 그렇지 않았다.

구체적으로 40대 참여자들은 슬픈 영화를 볼 때 20대보다 더 크게 반응했다. 그리고 60대 참여자들은 두 연령대보다 슬픈 영화에 더 크게 반응했다. 나이가 들면서 개인적, 사회적으로 상실의 경험과 강도가 커짐에 따라 슬픈 자극에 대한 반응이 커진다고 짐작할 수 있다. 다른 각도에서 보면 슬픔이나 상실을 경험하고 나면 이와 유사한 정서적 반응을 일으키는 미래 자극에 민감해진다고 볼 수 있다.

## 불편해도 마주해야 하는 문제들

분명 내 감정을 건드리는 요인을 생각하는 것은 불편하다. 심지어 고통스러울 수도 있다. 하지만 여기에는 심리적, 사회적, 정서적으로 좋은 점이 훨씬 크다.

우선 문제의 원인을 알아내면 약간의 안도감이 든다. 이름, 모양, 윤곽, 색깔, 이미지, 심지어 얼굴이 있는 문제는 막연하고 예측 불가능하고 불길한 세력보다 훨씬 덜 위협적이기 때문이다. 나를 화나게 하거나 동요시키는 사람과 문제를 파악하고 나면 이런 선동자들의 힘과 장악력이 떨어지기 시작한다.

멀리서 문제가 될 만한 조짐을 내다보거나 내게 언제쯤 영향을 줄지 예측하거나 실제로 문제가 생겼을 때 즉시 알아차릴 수도 있다. 그럼 자신의 평정심을 지키기 위해 그 문제를 받아들이거나 회피하거나 제거하거나 문제로부터 살짝 비켜설 똑똑한 방법을 찾게 된다.

소셜 미디어나 온라인 뉴스피드를 확인할 때 심란한 기분이 자주 든다면 가끔이라도 그런 매체에 노출되지 않는 편을 택하는 것이 현명하다. 또한 자신에게 정서적 염증을 일으키는 원인을 인식하고 가까운 주변 사람과 서로 알려 주는 것도 좋은 방법이다. 이를 통해 서로를 이해하고 민감한 부분을 자극하거나 기분을 언짢게 만들지 않도록 노력하게 된다.

요컨대 갖가지 불쾌한 일과 잠재된 갈등을 피할 생각에 질끈 눈감아 버리지 마라. 자신을 속수무책으로 만드는 문제를 신중히 가려내 감정 소모를 줄이자는 것이다. 도저히 피할 수 없는 사람과 상황, 세상일이 많다는 것을 생각하면 이는 무척 중요하다.

정말 불가피한 요인은 감당해야 할 책임이 있다. 자신의 정서적 힘을 튼튼히 다지고 자극적인 영향이 감정에까지 미치지 않도록 분명하게 선을 그어야 한다. 또 반응을 줄이는 생각과 행동을 해야 한다. 자기를 지키려면 이런 행동이 꼭 필요하다고 생각했으면 한다. 제멋대로 돌아가는 듯한 세상에서 자신을 지키는 것은 날이 갈수록 소중한 본능이자 행동이다.

- 3장 -

# 내 몸의 시계
# 다시 맞추기

"우리 몸은 잘 조율된 시계처럼 시간을 정확하게 지키지만 과도하거나
무분별하게 간섭을 받으면 제시간이 되기도 전에 알람을 울린다."

-조셉 홀(Joseph Hall)

영국의 주교, 풍자 작가, 윤리학자

# 사람은 자연을 따라야 하는 존재

약 37.2조 개의 세포가 밤낮으로 일하는 우리의 몸은 자연에 맞춰 훌륭하게 설계된 기계다. 혹시 이런 생각이 들어서 하던 일을 멈춰 본 적이 있는가?

'어떻게 내 몸은 아프지도 않는 걸까?'
'어떻게 해도 내 몸은 규칙적이야.'

최근 모든 세포가 시간기록계를 갖고 있다는 연구가 나왔다. 뇌의 깊은 곳 시상하부에는 모든 세포의 시계를 조절하여 모두 같은 시간으로 맞추는 총괄 시계가 있다. 이렇게 복잡하고 통합된 활동은 24시간, 밤과 낮에 빛이 들어오는 변화에 맞춰 조화를 이룬다. '일주기 리듬(circadian rhythm)'이라고 하는 이 생체 활동은 여러 신체 기능 중에서도 수면과 각성 주기를 조절한다. 일주기 리듬은 라틴어 circa(순회하다), diem(날)에서 유래됐다.

총괄 시계, 말하자면 일주기 리듬의 중추는 몸 구석구석에 호르몬과 신경 신호를 보내 세포 시계가 낮밤, 빛과 어둠의 생활 주기와 일치하도록 만든다. 총괄 시계는 끊임없이 활동하면서 망막의 시각 세포를 통해 지금이 몇 시인지 안다. 시각 세포는 외부의 빛 상태를 확인하여 이 정보를 뇌에 보고한다.

## 가만히 있어도 쉼 없이 움직이는 몸 구석구석

한편 세포 시계가 국소적인 시간을 지킴으로써 다양한 세포, 장기, 신체 활동이 제때 이뤄진다. 예를 들어 혈압과 체온이 조절되며 호르몬이 분비되고 장내 마이크로바이옴을 구성하는 균들이 균형을 이루고 시간별로 장 운동이 되는 것도 그 덕분이다.

캘리포니아의 소크 생물학 연구소 내 조절 생물학 랩의 교수이자 《생체 리듬의 과학(The Circadian Code)》의 저자인 사친 판다(Satchin Panda) 박사에 따르면, 이 특수한 일주기 시계들은 각 세포가 에너지를 사용하고 쉬고 DNA를 수리하거나 복제할 시기를 알아내는 데 유익하다. 체내에서 일정한 속도로 조화롭게 움직이는 이 조율기들은 몸의 생리적 평형 상태인 항상성을 유지하게 만들어 몸이 제 기능을 완수하고 건강을 지키도록 돕는다.

우리의 일주기 리듬은 선천적으로 계획에 따라 특정 시간에 모든 세포에 찾아가 문을 두드리는 식으로 움직인다. '지금 몇 시니까 이걸 해야 해!'라며 알려 주는 것이다. 시간대가 다른 지역을 오갈 때처럼 우리 몸의 시간 체계가 이따금 방해받는 것은 그리 문제되지 않는다. 그러나 판다 박사의 설명처럼 일주기 시계가 자꾸만 방해받으면 건강에 악영향이 나타나 신체의 모든 체계에 기능 장애가 나타난다.

몸의 일주기 리듬은 일차 스트레스 호르몬인 코르티솔, 수면을 촉진하는 멜라토닌, 좋은 기분이 들게 하는 세로토닌 등 필수 호르몬 분비를 조절함으로써 수면, 혈압, 통증 반응, 알레르기 반응, 소화 기능, 면역 반응, 기분, 경계, 심지어 약물 대사 방식마저 조절한다. 일주기 리듬 활동이 방해받는 상황은 마치 생소한 곳에 가는데 내비게이션이나 지도도 없이 무사히 목적지까지 제때 도착할 거라고 믿는 것이나 다름없다. 결코 성공할 리 없다.

## 몸도 마음도 리듬에 맞추지 않는다면

자주 돌아다니지도 않고 주말에 늦게까지 밖에 머물지 않는 사람이라면 이런 문제는 별것 아니라고 생각할지 모른다. 하지만 이는 잘못된 생각이다. 많은 사람이 몸의 생리와 어긋나게 산다. 저녁에도 실내는 밝은데다 각종 전자 기기가 청색광을 내뿜는 환경에 노출돼 있기 때문이다. 이 때문에 시간에 맞춰 제 기능을 해야 할 체내 시계가 피해를 본다.

이런 우리의 의도하지는 않은 선택 때문에 소중한 휴식 시간을 잃고, 곰곰이 자신을 돌아보거나 심지어 정신을 환기할 귀중한 시간도 놓치고 만다. 더군다나 수면 습관이 불규칙한 사람들은 생체 시계가 경로 밖으로 더 멀리 달아난다. 우리는 몸과 마음을 필요 이상으로 혹사시키거나 비효율적으로 사용하고 있다. 결국 몸의 모든 체계에 파급 효과가 나타난다.

이런 일이 일어나는 과정을 한번 살펴보자. 사람들은 대개 주말에는 평소보다 늦게까지 깨 있다가 평일 기상 시간이 지나도록 늦잠을 잔다. 이때 생체 시계는 평일보다 더 많이 경로에서 벗어난다. 평일 저녁에는 밝은 조명과 디지털 기기의 강렬한 블루라이트에 노출되다 보니 빛에 예민한 시각 세포들이 아직도 낮이라고 착각해 생체 시계가 재설정된다. 그래서 수면을 유도하는 호르몬인 멜라토닌 분배가 억제돼 잠들기가 더 어려워진다.

멜라토닌 분배가 지연돼서인지, 밤에 잠자는 시간이 줄어서인지 모르지만 멜라토닌 수치가 아침이 됐는데도 몇 시간이고 높은 경우도 생긴다. 사람들이 평일 오전에 몸은 비틀비틀하고 정신은 멍하고 기분은 날카로워지는 데는 이런 이유도 있다.

# 밤중 깨 있는 대신 포기해야 할 것

내 환자인 36세 숀은 사회복지사이자 꿈 많은 송라이터다. 현재 여자 친구와 함께 살고 있다. 숀은 낮에 하는 일이 시간적으로 여유롭지 않다 보니 밤늦게까지 음악 작업을 할 때가 많다. 한번 번뜩이는 아이디어가 떠오르면 완전히 몰입해 단숨에 몇 시간을 훌쩍 넘기면서 가사도 쓰고 멜로디도 없는다.

심리학자 미하이 칙센트미하이(Mihály Csíkszentmihályi)가 고안한 용어 '흐름(flow)'은 자신이 속한 시간과 공간을 모두 잊어버릴 정도로 현재 하는 일에 완전히 빠진 최적의 상태를 가리킨다. 그런 상태에 머무는 것이 얼마나 만족스러운지 숀도 잘 안다. 하지만 밤마다 창작 활동에 흠뻑 빠져 그만큼

잠잘 시간을 놓친 결과는 어땠을까? 낮 동안에는 조마조마하고 초조한 기분을 느꼈고 사회복지사에게 결코 좋지 않음은 말할 것도 없었다.

하지만 잠이 부족하고 쫓기는 기분이 드는 것 외에 숀에게 나타난 진짜 문제는 '사회적 시차(social jet lag)'였다. 사회적 시차는 2006년 뮌헨의 루트비히 막시밀리안 대학 소속 의학 심리 연구소의 시간 생물학 교수인 틸 뢰네베르크(Till Roenneberg)가 고안한 용어다. 그는 한 사람의 사회적, 생물학적 요구가 시간과 어긋나는 현상, 즉 특정 시점에 우리가 살아가는 방식과 실제로 신체가 원하는 것 사이에 발생하는 격차를 가리켜 사회적 시차라고 말했다.

## 자기 전 스마트폰 보기 전에 알아야 할 사실

이 현상은 현대인에게 매우 흔한 위협이 됐다. 다른 시간대를 오갈 때 겪는 시차는 체내 총괄 시계가 현지 시간에 맞게 재조정할 때까지만 겪으면 된다. 하지만 사회적 시차는 집 밖으로 나가지 않아도 생긴다. 게다가 이 증상은 만성화될 수도 있다. 사회적 시차는 아침형 인간이나 올빼미형 인간처럼 개인의 수면 시간과 생체 리듬이 직업, 가정에서의 책임 등 세상이 요구하는 바가 상충할 때 일어난다.

이에 관한 이해를 돕는 연구가 있다. 시카고 대학교 연구 팀은 기술과 사회적 압력이 수면 습관과 낮 동안의 기능에 어떤 피해를 끼치는지 알아보고자 2년간 24만 6,000명의 트위터 사용자들의 활동 패턴을 분석했다. 사람들의 트위터 활동 양상을 15분 단위로 확인해 분석해 보니 트위터 활동이 저조한 상태가 지속된 기간은 적절한 수면과 상관관계가 있었는데, 주말의 경우 평일보다 더 늦은 시간이 돼서야 트위터 활동이 멈췄다.

연구 팀은 미국인들이 평일과 주말 사이에 평균 75분의 사회적 시차를 경험한다는 것을 알게 됐다. 특히 미국 중부와 동부 지역에 사는 사람들은 서부 사람들보다 격차가 컸다. 사회적 시차 강도에는 계절도 영향을 미쳐 여름이면 사회적 시차가 덜 발생했다.

이보다 앞서 독일과 네덜란드에서 실시한 대규모 역학 연구도 있다. 당시 연구 팀은 유럽에 사는 6만 5,000명을 대상으로 수면 시간, 취침 시간, 사회적 시차를 분석했다. 결과를 살펴보니 전체의 65%는 평일과 주말의 수면 시간이 1시간 이상 차이 날 정도로 사회적 시차를 겪고 있었다. 그중 3분의 1은 수면 시간이 2시간 이상 차이가 났다.

이로써 변화하는 사회적 요구에 맞게 조정과 재조정을 거듭하도록 사람들의 일주기 리듬이 끊임없이 압박받고 있음을 알 수 있다. 또한 연구 팀은 최근 몇 년 사이에 사람들이 밖에서 빛을 흡수하는 시간이 급격히 줄어들었다는 것과 사회적 시차를 겪는 사람은 과체중일 확률도 더 높다는 사실도 밝혀냈다.

이는 전혀 놀라운 사실이 아니다. 수면이 부족하면 식욕 조절 호르몬 수치가 영향을 받아 음식 섭취가 증가한다는 것이 과학적 연구로 밝혀졌다. 구체적으로 잠을 너무 적게 자면 허기를 느끼게 하는 호르몬인 그렐린 수치가 높아진다. 이와 동시에 극심한 수면 부족은 충분히 먹었다는 신호를 보내는 호르몬인 렙틴 수치를 낮춘다.

대단한 수학 능력이 없어도 계산해 볼 수 있다. 그렐린 수치가 증가하고 렙틴 수치가 감소하면 음식 섭취가 증가한다. 게다가 사회적 시차는 물질 대사에도 심각한 여파를 일으켜 특히 성인기에 대사 증후군(고혈압, 고혈당, 복부지방 과잉, 콜레스테롤 또는 트리글리세리드 수치 증가 등 위험한 질환군), 전당뇨병 또는 2형 당뇨의 발병 위험을 크게 높인다. 겉으로 보이지는 않지만 대사 증후군은 전신이 염증에 취약하게 만들어 심장 질환, 뇌졸중의 발병 위험을 높인다.

# 친절도 체력이 좋아야 베푼다

사회적 시차는 부족한 수면과 비례하는 경향이 있고 그 자체가 하나의 문제다. 나아가 사회적 시차는 자야 할 때 말똥말똥 깨어 있게 하고 집중해야 할 낮 시간 때는 오히려 졸리게 만든다. 둘 중 어느 경우든 심신이 방향 감각과 평형 상태를 잃어버리게 된다.

교대 근무는 유방암, 전립선암, 위장 장애, 심혈관 질환, 당뇨 같은 다양한 질환의 발병 위험 증가와 연관된다. 이 문제에 가장 큰 부분을 차지하는 것은 일주기 리듬 손상이다. 오전 9시에서 오후 6시까지 규칙적으로 일하는 사람이라도 사회적 시차를 겪으면 일상과 삶의 여러 방면에 상당한 영향을 받는다.

실제로 그 위험이 심해지면 낮에 극도로 졸리고 학업 성취가 떨어지며 인지 기능이 손상되고 심지어 균형 감각마저 위태로워질 수 있다. 나아가 사회적 시차는 기분과 정신 상태에도 해로운 영향을 끼친다. 불안, 우울, 공격성 같은 정서적 고통을 초래할 수 있고 음주 심화, 나쁜 식습관 형성, 신체 활동 저하로 이어질 수도 있다.

심지어 아일랜드의 메이누스 대학교에서 수행한 연구는 성인기에 겪는 사회적 시차가 주의력 결핍 증상과 충동성과도 연관된다는 사실을 밝혀냈다. 다시 말해 사회적 시차는 정서적 염증의 여러 형태를 증폭시켜 자기도 모르는 사이에 동요, 우울, 조증 행동, 충동성 등 원치 않는 정신 상태를 부추긴다.

## 왜 감정 조절이 어려웠을까?

49세의 인도주의 구호 활동가인 제니퍼는 전쟁의 상흔을 안고 있는 나라들과 자연재해로 황폐해진 곳들을 자주 방문하면서 이 사실을 뼈저리게 실감했다. 제니퍼의 일은 특성상 업무 시간과 비행기 이동 시간이 길고 위험에 노출될 때도 있다. 이제 10대인 세 자녀와 남편과 떨어져 지내는 시간도 길었다.

이런 점들이 천성이 정이 많고 차분하고 신중한 제니퍼에게 그리 큰 문제는 아니었다. 정작 제니퍼를 고통스럽게 한 것은 현장에서 목격한 사람들의 고통과 비극적인 사연들이었다. 그 때문에 제니퍼는 와인을 너무 많이 마셨고 늘 잠이 부족했다. 내게 운동 중독증까지 걸렸다고 털어놓았다.

제니퍼는 3일 일정으로 시리아에 다녀오면서 극도로 잠이 모자랐다. 돌아오는 항공편마저 6시간이나 지연된 탓에 초긴장 상태로 집에 도착했다. 남편이 그녀에게 평소에는 일 때문에 너무 오래 집을 비우고 정작 집에 오면 생각이 다른 데 있다며 볼멘소리를 하자 제니퍼는 평소 자기답지 않게 짜증을 부렸다. 결혼 생활을 하면서 이런 상황은 계속 있었지만 그날처럼 남편의 불평이 제니퍼의 심기를 건드린 적은 없었다. 시리아에 다녀온 뒤로 유난히 남편의 말을 그냥 넘길 수 없게 된 것이다.

제니퍼는 40시간 뒤에 다른 출장을 갈 때가 돼서야 평정심을 되찾았다. 하지만 출장에서 돌아와서는 여행 시차에도 적응해야 하는데 새로운 사회적 시차 주기가 시작되어 피로가 가실 줄 몰랐다.

제니퍼는 현장에서 본 고통을 소화하는 데서 생긴 스트레스를 겨우겨우 다스렸고 직장에서는 침착한 자세로 능숙하게 일을 처리했다. 하지만 대중없는 일정과 장기간 계속되는 출장 때문에 내적 평형 상태가 깨지면서 제니퍼는 한계에 부딪혔다. 그리고 그 결과는 남편과 쉽게 다투거나 아예 떨어져 있거나 둘 중 하나였다. 제니퍼조차 그렇게 반응하는 자신이 낯설고 불편했으며 남편 역시 아내를 이해하기가 힘들었다.

사회적 시차와 정서적 염증으로 인한 해로운 증상을 해소하려고 사람들이 갈수록 의지하는 것은 약물이다. 낮에는 기운을 차리고 집중하게 도와줄 각성제를, 밤에는 불안을 완화하거나 더 수월하게 잠들도록 도와줄 안정제를 찾는다.

2006년에서 2016년 사이에 미국에서 각성제를 처방받은 사람은 두 배로 늘었다. 항우울제 사용은 2000년 이후로 65%가 증가했다. 2014년부터 2018년까지 미국 성인 사이에서 흔히 안정제로 알려진 벤조디아제핀계 약물 사용은 두 배 이상 증가했다.

이런 유행은 문제의 근원을 해결하기보다는 엉뚱한 문제에만 손쓰는 것이라 악순환에 빠지기가 쉽다. 또한 이런 약물 중 다수는 내성과 의존성을 키워서 또 다른 문제의 온상이 된다. 사람들은 자신을 해치는 행동을 바로잡으려고 절박한 방법을 쓰면서 더 나은 결과를 바라지만, 정작 하는 일이라곤 반복 버튼을 계속 눌러 해로운 순환을 유지하는 것뿐이다.

## 당신은 지금 완벽하게 깨어 있는가?

이런 사람들에게 진짜 필요한 것은 차근히 단계를 밟아 나가면서 자기 몸의 자연적인 리듬을 되찾는 것이다.

콜로라도 대학교 연구 팀은 건강한 사람이 여름에 일주일만 자연으로 캠핑을 가도 멜라토닌이 1.5시간 일찍 분비된다는 것을 밝혀냈다. 밤 동안 나타나는 멜라닌의 최고 수치도 1시간 일찍 나타났다.

이런 호르몬 변화는 더 쉽게 잠들고 밤새 숙면을 유지하고 더 쉽고 자연스럽게 잠에서 깨도록 돕는다. 다시 말해 캠핑을 가면 현대 생활 습관이 낳는 부정적 영향에 저항해 우리 몸의 일주기 리듬을 재설정함으로써 사회적 시차를 예방할 수 있다는 것이다.

캠핑에 가기 어렵다고 실망하긴 이르다. 생체 리듬을 찾겠다고 당장 숲속으로 뛰어갈 필요는 없다. 단지 텐트에서 잔다고 효과를 보는 것이 아니기 때문이다. 캠핑이 유익한 점은 날이 어두워지면 곧 잠에 들어 태양과 함께 눈을 뜨는 것이다. 밤에 환한 불빛을 내뿜는 기기를 들여다보지 않고 아무 때나 자는 것을 자제하는 데 있다.

낮 동안 자연광을 쬐는 것도 수면 패턴을 개선하고 낮 시간에 기민성을 유지하는 데 이바지한다. 이런 작은 습관은 어디서든 실천할 수 있다. 자연에서 자든, 교외에서 자든, 도시 한가운데서 자든 해가 지면 조명을 줄이고 아침에 해가 뜨면 일어나 자연광을 쬐면 된다.

미국 국립정신건강연구소에서는 인공 조명이 참여자 그룹의 수면 패턴에 미치는 영향을 추적 조사했다. 참여자들은 대체로 어둠 속에서 8시간을 보냈던 것과 달리 밤에 14시간 동안 완벽한 어둠 속에 있었다. 인공 조명에는 전혀 노출되지 않았다.

그 결과 3주 만에 4~5시간씩 통잠을 자는 수면 패턴이 자리 잡았고 더 두드러진 결과로 밤에 분비되는 멜라토닌의 수치가 높아졌다. 밤에 잠자는 시간도 1시간 더 늘었다.

시험이 끝나고 정리하는 자리에서 참여자들은 그렇게 정신이 명료하게 깨어 있던 적은 없었다면서 '크리스털처럼 분명한 의식'을 경험했다고 말했다.

심리 의학 박사 톰 베어(Tom Wehr)와 함께 그의 연구에 관해 이야기를 나눌 때, 그는 고통스러운 목소리로 내게 이렇게 물었다.

"현대를 살아가는 대다수 사람은 정신이 완벽하게 깨어 있는 상태를 결코 누릴 수 없는 걸까?"

# '제때 자고 제때 일어나야 한다'는 불변의 법칙

1600년대 중반까지 인류의 수면 방식은 현재와 사뭇 달랐다. 그때만 해도 사람들은 여러 마디로 나눠 잠을 잤다. 호메로스의 고대 서사시인《일리아스》부터 중세 초서의《캔터베리 이야기》를 지나 근대 찰스 디킨스의 작품에 이르기까지 의료 문서, 법정 기록, 일기, 문학 작품 곳곳에는 수면이 '첫 번째 잠', '두 번째 잠' 등으로 불리는 분절로 나뉘어 있었음을 보여주는 기록이 가득하다.

세계가 야간 인공 조명(artificial light at night, 줄여서 ALAN이라고 불림)에 노출되기 전만 해도 햇빛이 줄어들기 시작하면 인간을 비롯해 대다수 식물, 동물 세계도 활동을 점차 멈췄다. 수백 년에 걸친 진화를 통해 형성된 연쇄 반응에 나타난 것이 수면이다. 어둠이 깊어지면 '첫 번째 잠'이 약 4~5시간 동안 사람들을 선잠 상태로 유도한다. 뒤이어 1시간 동안은 명상할 때처럼 생각에 잠기거나 이완하는 각성 상태가 이어진다. 이후 다시 4~5시간 동안 진행되는 '두 번째 잠'은 새날을 밝히는 첫 번째 태양광선이 비치면 막을 내린다.

요점은 이렇다. 우리는 한 가지 방식으로 잠자도록 설계됐는데도 진화한 수면 패턴을 무시하고서 아무런 대가를 치르지 않을 거라는 착각에 빠지게 됐다.

스위스 제네바 대학교에서 실시한 연구 결과, 밤 9시에 전자 모니터 기기 사용을 멈추게 했더니 일찍 잠들기가 수월해지고 수면 지속 시간이 길어지며 낮 동안 기민성도 강화됐다. 이 효과를 불러오는 메커니즘에 숨은 미스터리는 없다. 잠들기 전에 태블릿, 노트북, 스마트폰, 텔레비전을 보면 수면을 촉진하는 호르몬인 멜라토닌 분비가 억제된다. 주된 원인은 이런 기기에서 뿜어져 나오는 인공 청색광이다.

콩알만 한 크기의 뇌 기관인 송과선은 평상시 취침 시간보다 약 두 시간 전에 멜라토닌을 분비하기 시작한다. 그래서 저녁 시간에 밝은 조명에 노출되면 송과선이 멜라토닌을 분배하지 못하도록 막아서 졸음이 늦게 찾아온다. 특히 청색광은 유난히 자극적이라는 점에서 문제다. 스크린을 응시하지 않더라도 정량의 청색광이 눈에 비치면 적절한 시간에 멜라토닌이 분비되지 않아 잠들기가 힘들어진다.

요즘 많은 사람이 그렇듯 노트북, 휴대폰, 태블릿을 갖고 이불 속에 들어가면 문제를 껴안고 있는 것이나 다름없다. 저녁에 전자 기기를 많이 사용할수록 잠에 들거나 숙면을 취하기가 더 어려워진다.

10대는 이 문제에 더 취약하다. 청소년기에는 일주기 리듬이 밤에 좀 더 늦은 시간대로 옮겨 가기 때문이다. 이런 와중에 텔레비전을 보거나 친구들과 화상 전화를 하거나 게임을 하면 수면을 유도하는 호르몬 분비가 더욱 지연되어 다음 날 제때 일어나기가 어려워진다.


사실은 사실대로 인정하자. 우리는 플러그를 뽑거나 전원을 끄는 일이 거의 없이 연중무휴로 살고 있다. 디지털 기기에서 들리는 각종 알림 소리, 진동 소리, 벨소리는 우리 삶의 배경 음악이 돼 버렸다. 이는 우리의 심신에 은밀한 영향을 미친다. 물론 테크노스트레스 때문에 바짝 경계를 유지하고 요청이 오면 무엇이든 반응해야 한다는 압박이 일부 원인이지만 빛을 내뿜는 기기가 우리 뇌를 자극해 일으키는 영향도 무시할 수 없다.

게다가 사방이 막힌 공간에 살게 되면서 많은 사람이 낮 동안 자연광을 충분히 받지 못한다. 그 결과 생기가 사라지고 집중력이 방해를 받으며 생산력이 떨어지고 기분도 나빠진다. 더욱 곤란한 점은 수면과 각성 패턴이 일관되지 않아 너무 적게 자는 날과 많이 자는 날 사이를 왔다 갔다 하고 취침 시간과 기상 시간도 대중없다. 생체 시계는 더욱 방해받는다.

부모님이 집에 안 들어오는 날이라며 한바탕 파티를 벌이는 천방지축 10대처럼, 우리는 규칙을 깨면서도 어떤 대가를 치르게 될지 깨닫지 못하고 있다. 분명 대가는 있다. 우리 몸은 스트레스와 혼란한 일정이 미치는 영향을 그대로 드러내게 돼 있다.

# 규칙적인 삶으로 바뀌는
# 몸, 마음, 인생

 

인간은 우리의 생각처럼 우주의 주인이 아니다. 기술의 도래가 이런 잘못된 우월감을 심어 준 바람에, 우리는 언제 어디서든 일할 수 있으며 대가를 치르지 않고도 밤중에 언제든 불빛을 누릴 수 있다는 환상에 빠졌다. 하지만 우리 외 모든 생물체는 수백만 년간 우주의 빛과 어둠 주기에 맞춰 살아왔다. 인공 조명이 개발되기 전까지 인간에게 빛의 원천은 태양이었고 해가 지면 사람들도 희미해지는 빛 속에 그대로 머물렀다. 그때는 사람들이 대체로 충분히 쉬거나 잠을 잤다.

다행히 자신의 일주기 리듬을 존중하면 이 습관을 되살릴 수 있다. 자연적인 생체 리듬에 귀 기울이는 것은 신체적, 정신적 평형 상태를 유지하는 중요한 첫 걸음이다.

우리 몸은 마치 루빅 큐브와 같다. 각 부위 또는 기관이 올바로 배열돼 있을 때 한 곳이 삐끗하면 다른 모든 부위도 어긋나고 만다. 더 많은 것을 바꿀수록 다른 기관에 연쇄 효과가 일어나므로 몸을 올바로 정렬하기가 더욱 까다로워진다. 물론 이렇게 몸의 평형 상태가 깨질 때 남들보다 쉽게 되돌아오는 사람도 있지만, 우리 중 많은 사람은 안절부절못하는 상태가 되고 만다.

한편 우리가 진화해 온 방식을 따르면 생리적, 정서적 균형을 누릴 수 있다. 생체 리듬에 귀 기울이면 기분이 안정되고 스트레스에 대한 저항력을 높이며 통증을 덜 느끼고 평소에 신체적으로나 정신적으로 더 나은 기분에 자신의 역할을 더 잘할 수 있다. 이는 정서적 염증을 식히고 가라앉히는 데 필수다.

## 아침, 점심, 저녁에 하면 좋은 일

하루 동안 감정을 느끼고 표현하는 방식이 오락가락하는 것을 눈치챈 적이 있을 것이다. 이런 기복의 원인은 몸의 일주기 리듬에 있고 24시간 동안 계속되는 호르몬과 체온의 변화가 크게 한몫을 한다. 만약 밤낮 일과가 규칙적이라면 일일 리듬을 어느 정도 예측할 수 있다. 이렇게 생리적 일관성을 유지하면 정서 안정과 회복 탄력성을 높일 수 있다. 생리적 일관성은 우리 몸이 원하는 바이기도 하다. 이 주제와 관련해 몇 가지 흥미로운 과학적 사실을 정리했다.

**• 아침**

연구에 따르면 사람들은 오후보다 아침에 통증에 훨씬 덜 민감하다. 그러니 치과 치료를 비롯한 의과 처치 일정은 오전 7~10시 사이로 정하라.

**• 오전 중반**

대다수 사람은 보통 오전 중반에 기민성, 추론 기술, 단기 기억력이 가장 좋다. 복잡한 의사 결정 역시 오전 중반에서 후반에 하면 가장 훌륭하다. 소방수들이 하루 중 가장 신속하게 반응하는 시간대인 것도 이런 이유에서다.

**• 이른 오후**

오후가 되면 기민성이 떨어지고 졸음이 온다. 이는 점심 때 먹은 음식과는 거의 관계가 없다. 세계 여러 지역에서 이 시간을 낮잠 시간으로 두는 데는 생리적 이유가 있는 것이다.

**• 늦은 오후**

운동 능력이 최상일 때다. 오후 4~7시에는 근력, 속도, 민첩성을 요하는 신체 활동에서 최고의 성과를 거둘 확률이 높다.

여기에서 말한 적정 시간대는 많은 사람에게 무난히 적용된다. 하지만 자신이 아침형 인간이거나 올빼미형 인간이라면 조금씩 맞지 않을지도 모른다.

텍사스 대학교 수명 학자이자 《마법의 생체시계(The Body Clock Guide to Better Health)》의 공동 저자인 마이클 스몰렌스키(Michael Smolensky) 박사에 따르면, 사람에 따라 이런 적정 시간대가 최대 4시간까지 차이가 나타날 수 있다고 한다.

이런 패턴을 자신에게 적용하려면 우선 하루 동안 자신의 신체적, 인지적 수행 능력이 어떻게 나타나는지 추적하고 여러 영역에 걸쳐 어떤 차이점이 있는지 살펴봐야 한다. 그리고 나서 자신이 최상의 컨디션을 발휘할 수 있는 시간대에 주요 활동을 계획하는 것이 좋다.

자연적인 생체 리듬에 귀 기울이려면 낮 시간과 밤 시간에 대한 통제력을 되찾아야 한다. 시간을 내편으로 만들어 삶의 방식을 의식적으로 선택하라. 그럴 때 생리적으로나 심리적으로도 평형 상태를 회복할 수 있다.

행동을 바꾸려면 과거에 자신이 의식적으로든 무의식적으로든 선택했던 패턴을 포기해야 하는데 이런 변화에는 노력과 결심이 필요하다. 어렵더라도 자기의 신체 리듬을 어지럽히는 일을 멈추고 이제부터 몸의 요구에 맞춰 살아가는 것을 우선시한다면 그 노력에 합당한 보상이 따를 것이다. 더 좋은 기분이 안정적으로 유지되고 원동력도 얻을 것이다. 신체 건강도 향상되고 정서도 편안해질 것이다.

이렇게 생각해 보자. 생체 리듬을 존중하고 이에 따르는 일관성을 지키려고 할 수 있는 것을 다 하는 것은 감정의 온도 조절기를 다시 설정하는 것과 같다. 이렇게 해 두면 살아가면서 불가피하게 부딪히는 각종 스트레스와 긴장에 반응하고 이에 대처하는 방식이 향상될 것이다.

# 내 몸의 질서를 바로잡는 시간

생체 리듬을 찾도록 자신의 습관을 바꿀 수 있는 방법을 안내한다.

## • 수면 일정을 세워서 지킨다

기상 계획을 세워서 매일 밤 거의 같은 시간에 잠들고 아침에도 같은 시간에 일어나 보자. 가끔을 제외하고 아픈 것이 아니라면 주말에 한 시간씩 더 자는 일은 없길 바란다. 그렇지 않으면 수면 패턴이 흐트러진다.

## • 나만의 수면 시간을 찾는다

대다수 성인은 매일 밤 7~9시간을 자야 최상의 기분으로 제대로 활동할 수 있다. 자신에게 필요한 수면 양을 알아냈다면, 아침에 몇 시에 일어날지 정한 뒤에 거꾸로 시간을 계산해 알맞은 취침 시간을 정한다. 또는 보통 밤에 몇 시가 되면 졸음이 오는지 생각해 보고 여기에 맞춰 기상 시간을 정한다.

자신에게 8시간 취침이 맞다면 밤 10시에 잠들어서 아침 6시에 일어나거나 밤 11시에 잠들어서 아침 7시에 일어나거나 또는 밤 12시에 이불 속에 들어가 아침 8시까지 자는 것을 선택할 수 있다.

자신이 종달새(아침형 인간) 또는 올빼미(야행성 인간) 중 어느 쪽에 가까운지 생각하고 근무 시간도 고려해 자신에게 맞는 수면 패턴을 선택하라. 어떤 패턴을 선택하든지 일관성을 지켜 세포 시계가 계속 효율적으로 작동하게 해야 한다.

문제는 원래 자던 시간이 아닌데 어떻게 일찌감치 잠자리에 드느냐는 것이다. 그동안 취침 시간이 들쑥날쑥했는데 갑자기 밤 10시에 잠을 청하려면 처음에는 어려울 수 있다. 수면 전문가들은 최상의 기분으로 능력을 발휘하는 데 필요한 수면을 자기 생활에 잘 맞는 시간대에 맞추게 될 때까지 매주 15~30분씩 취침 시간을 당겨 보라고 제안한다.

실제로 앞서 이야기했던 사회 복지사 숀은 이를 실천에 옮겼다. 나의 제안에 따라 숀은 밤 11시가 되면 창의력을 발휘해 작곡하는 활동을 멈추고 점차 일정하게 수면하려고 노력했다. 규칙적으로 충분히 수면해 사회적 시차를 극복한 숀은 낮 동안 기분이 일정해졌고 의뢰인과 일하면서 주기적으로 느꼈던 감정 변화에 더 수월하게 대처할 수 있었다.

· 아침을 밝힌다

아침에 일어나면 밝은 자연광을 쬐어 정신을 차리고 기분을 끌어올리고 몸이 일주기 리듬을 조정하게 만든다. 바깥에 나가 활기차게 걷거나 햇빛이 드는 자리에서 아침식사를 해도 좋다.

생체 시계를 아침에 각성 모드로 재설정하는 것이 쉽지 않다면 화창한 밝은 날의 햇빛과 견줄 만한 1만 룩스를 발산하는 시판 라이트 박스를 구입하는 방법도 고려해 보라. 아침에 30분간 라이트 박스 앞에 앉아 아침식사를 하거나 신문이나 뉴스피드를 읽으면 정신을 차리고 기분이 향상되는 것으로 밝혀졌다. 탁상용 스탠드로 된 라이트 박스를 직장의 자기 책상에 놓아도 좋다.

· 실내 조명을 조정한다

연구 결과, 아침에 더 많은 빛을 쬔 사무직 근로자는 밤에 더 빨리 잠들었다. 이들은 아침에 빛을 적게 쬔 사람보다 수면의 질과 기분 상태가 더 좋아서 우울증과 스트레스도 덜 느낀다고 한다.

대다수 사람은 낮에 몇 시간씩 바깥에서 보내며 일할 수 없으므로 자신이 찾을 수 있는 광선을 최대한 확보하는 것이 중요하다. 햇볕이 강한 창가에서 일하거나 점심 시간이나 휴식 시간에는 밖에 나가 걷는 것이다. 이렇게 하면 생산성과 집중력이 향상될 뿐만 아니라 더 활력이 생기고 스트레스에도 덜 반응하게 될 것이다.

　직장에 인공 조명을 설치하자고 건의하는 방안도 생각해 보라. 이 또한 기분과 실력 발휘에 영향을 미치는 요인이기 때문이다. 따뜻한 조명을 좋아한다면 백열 전구의 아늑한 빛을 느낄 수 있는 2,700K의 소프트 화이트 LED 전구가 차분한 분위기를 낼 것이다. 밝은 조명이 필요한 영업 공간에서는 3,500K~4,100K의 브라이트 화이트 또는 쿨 화이트 또는 5,000K~6,500K의 일광 전구가 사용된다. 이런 전구는 생산성과 기민성을 향상시키고 대체로 활력을 불어넣는다.

　가장 숫자가 높은 전구는 푸른 색조인데, 특히 활동을 촉진한다. 경계심과 반응 시간을 향상시키고 인지 기능을 높인다. 반면 형광등은 기분에 부정적인 영향을 미치고 일부 사람에게는 눈의 피로와 현기증을 일으킬 수 있다. 몇몇 연구에서는 붉은 조명에 노출되면 오후에 기민성과 수행력이 증가한다는 사실을 밝혔다.

### • 전자 기기를 꺼 두는 시간을 정한다

　저녁에 사회적 시차가 발생하는 것을 피하려면 잠들기 최소 90분 전에는 디지털 기기를 꺼 둔다. 자신이 정한 시간이 되면 모든 디지털 기기를 차단하고 고정형 독서등이나 침대 전등에서 나오는 은은한 황색 조명 아래서 조용하고 차분한 활동을 한다. 디지털 기기에서 나오는 빛뿐만 아니라 주변의 모든 빛이 문제가 된다. 실제로 취침 시간 전에 천장 조명에 노출돼 있으면 약 90분간 멜라토닌 분비가 억제된다.

### • 저녁 분위기를 어둡게 조성한다

침실과 그 외 잠자는 공간을 어둡게 만들어야 하는 이유가 있다. 야간에 빛에 노출되면 하루에 생산되는 멜라토닌 총량이 최대 50%까지 대폭 억제된다. 다시 말해 야간의 빛 노출은 신체의 24시간 호르몬 생산 일정을 망가뜨린다.

샤워실 천장 조명에 밝기 조절 스위치를 설치하거나 흐릿한 야간 조명을 사용하는 것도 현명한 방법이다. 그럼 잠자리에 들기 전이나 밤에 잠에서 깨 화장실에서 볼일을 볼 때 밝은 조명 때문에 감각 기관이 자극을 받거나 정신이 말똥말똥해지는 것을 막을 수 있다.

### • 숙면 분위기를 만든다

취침 시간을 앞당기기가 어렵다면 희망하는 취침 시간보다 두 시간 전에 소량의 멜라토닌을 복용해 생체 시계를 재설정할 수도 있다. 참고로 미국 수면재단에서는 1~3밀리그램 복용을 권장한다. 물론 이 방법은 임시방편일 뿐이므로 여기에 의존해서는 안 된다.

멜라토닌 보충제를 복용하기 전에는 반드시 주치의와 상의하길 바란다. 멜라토닌은 항응고제, 당뇨약, 진정제 등 다른 여러 의약품과 상호 작용을 일으킬 수 있고 자가 면역 장애, 발작 장애 등 특정 질환이 있거나 임신, 수유 중에도 멜라토닌을 복용해서는 안 되기 때문이다.

일부 항우울제, 코막힘약, 항경련제, 기관지 확장제 등 수많은 복용약과 일반 의약품도 수면 장애에 영향을 미칠 수 있다는 사실을 기억하자. 심지어 일부 사람은 이부프로펜과 아스피린을 복용해도 잠자다가 깨는 횟수가 많아지고 수면 효율이 낮아지는 등 수면 장애를 겪는다는 것이 밝혀졌다. 특정 약물 때문에 잠들기가 어렵거나 한밤중에 깬다고 느낀다면 주치의와 상의하여 복용 시간을 바꾸거나 대체 의약품을 알아보길 바란다.

마찬가지로 어떤 사람들은 저녁에 소화가 안 되는 음식이나 기름진 음식이나 매운 음식을 먹어도 수면 문제를 겪을 수 있다. 카페인 섭취도 주의해야 할 사항이다. 커피뿐 아니라 차, 초콜릿, 커피 맛이 나는 아이스크림이나 요구르트도 모두 주의해야 한다. 일부 사람은 카페인 대사가 매우 느려서 카페인이 체내 기관을 완전히 빠져나가기까지 9~12시간이 걸리기도 한다. 여기에 해당되는 사람은 오후 3시에 반짝 기운을 차리려고 라테를 마실 경우 밤 10시에 잠자리에 들려고 해도 말똥말똥하게 깨어 있을 가능성이 크다.

# 4장

# 똑똑하게
# 마음 지키기

"부정적인 생각이 떠나지 않는 이유는 그 생각을 믿어서가 아니라
그것을 원하거나 선택하기 때문이다."

**-앤드류 J. 번스타인(Andrew J. Bernstein)**
미국 작가이자 경영 컨설턴트

# 내 감정은 내가 책임져야 한다

힘든 시기에 내 마음을 어떻게 사용하느냐에 따라 가장 좋은 친구가 될
수도, 최악의 적이 될 수도 있다.

30세 제임스의 예를 살펴보자. 인권 침해나 무시무시한 권력 남용이 드
러났다 하면 제임스는 이 사건을 집요하게 물고 늘어졌다. 개인적으로 받
는 스트레스가 높아질 때면 집요하게 그 문제를 파고들다가 초조함과 불
안이 더 커졌다. 성공적인 변호사였지만 평생을 함께하려던 배우자와의
관계가 불안했던 제임스는 일상에서 벌어지는 극적인 일에 집착하고 세상
의 재난을 곱씹는 버릇으로 자신의 정체성, 삶의 목적, 자기가 있을 곳의
위기를 외면하려고 했다.

삶이 지핀 감정의 불길을 잠재울 생각에 과음할 때면 더욱 통제력을 잃는 듯했다. 제임스가 자기 생각에서 도망치는 대신 이를 주의 깊게 살피게 된 것은 배우자와 헤어진 후 더 차분하고 안정된 자신을 되찾고 나서였다. 제임스는 명상을 시작했고 험난했던 어린 시절과 연애에 관해 자유롭게 글로 써 보기도 했다. 그러자 자기가 겪은 일들을 소화하기가 한결 수월해졌다. 게다가 전에는 소홀히 여기던 삶을 긍정하고 감사하게 됐다. 제임스는 평온한 기분에서 자신이 더 단단하고 탄력적인 사람이 됐다고 느꼈다.

## 나쁜 뉴스의 홍수에서 살아남기

세계에서 일어나는 온갖 비참한 사건을 통제할 수야 없겠지만 각자가 이를 생각하고 반응하는 방식은 어느 정도 컨트롤할 수 있다. 보고 들은 것에 과잉 반응할 때, 몸에서는 싸움이나 도주 반응 중에서 선택하려고 교감 신경계에서 온몸으로 스트레스 호르몬을 보낸다. 그 결과 대처 기제가 일어난다.

그 방식이 건강한가 그렇지 않은가에 따라 언짢은 소식이나 사건에 대한 반응도 같은 결과로 나타난다. 자기 반응에 문제가 있을 때면 이를 계속 곱씹거나 거기에 집착할 수도 있고 모든 감정을 차단할 수도 있고 광분할 수도 있고 주변의 모든 일에 짜증을 부릴 수도 있다.

다시 말해 많은 사람의 경우 불안과 트라우마, 습관에 매몰되는 느낌을 불러일으키는 것은 다름 아닌 자기 자신이며 이것이 정서적 염증의 숨은 요인이다. 끊임없이 쏟아지는 부정적인 뉴스의 홍수 속에 살다 보면 과잉 각성 상태에 빠질 수 있다.

스탠퍼드 대학교의 연구에 따르면 사람들은 국내외에서 벌어지는 인종, 성, 폭력 문제나 비애국적인 행동에 주의를 끌고자 소셜 미디어를 사용한다. 이때 게시물에 달린 댓글은 도덕적 분노를 자극해 순식간에 퍼지기도 하지만 복잡다단한 감정도 일으킨다.

이는 실제로 괴롭힘을 당하는 것과 비슷한 느낌을 유발해 보는 사람들을 힘들게 만든다. 소셜 미디어에는 사람들의 활동 기록이 즉시 남기 때문에 시공간적으로 이런 메시지로부터 거리를 두기가 어렵다. 상황이 이런 식으로 돌아갈 필요는 없다.

정서적 평형 상태를 회복하려면 마음의 힘을 발휘하면 된다. 감정이 펼쳐지는 마음속 경기장을 평평하게 고를 때는 우선 자신의 생각 패턴과 기분에 영향을 미치는 부정적인 요인을 제거하거나 줄여야 한다. 그렇게만 해도 더 차분해지고 마음이 균형 잡힐 수 있다.

또 하나 도움이 되는 것은 긍정적인 인지 습관을 기르는 것이다. 그럼 걱정스러운 뉴스, 나의 안녕감을 노리는 위협, 일상적인 스트레스 요인을 맞닥뜨릴 때 자신의 감정을 지켜 낼 수 있다.

모든 것을 아름다워하고 만족스러운 척하는 폴리아나(Pollyanna, 엘리너 포터의 소설 《폴리아나》의 주인공으로 어떤 상황에서도 낙관적임-옮긴이)처럼 살아가자는 것이 아니다. 이는 현실적인 해결 방법이 아니며 꾸준히 지속할 수도 없다. 이 세상에서 잘 살아남으려면 사안을 명확히 보고 책임감을 갖고 난관을 해결하고 실망에서 배우며 실패를 딛고 일어서는 동시에 자신의 정서적으로 고통을 다룰 줄도 알아야 한다. 이 모든 일에 인지적, 정서적 기술이 필요하다. 마음가짐이 바뀌는 부정적 생각 끊기 기술을 익힌다면 그런 보물을 전부 찾아낼 수 있다.

# 부정적 생각을 끊는 기술

• 내 삶에 쏟아지는 정보 관리하기

우리는 정보과부하 세상에 살고 있다. 온종일 너무 많은 정보가 몰아닥치면 이를 제대로 처리하거나 여러 선택지 중 더 나은 결정을 내리기가 어렵다. 그 결과 행동 마비 상태에 갇혀 필요한 행동을 못하게 된다. 인지적 홍수는 심란한 정보가 끝없이 몰려오는 듯한 상황에서 어떻게 대응하고 대처해야 할지 몰라 불안을 높인다.

신경 과학자 대니얼 J. 레비틴(Daniel J. Levitin)은 저서《정리하는 뇌(The Organized Mind)》에서 이렇게 말한다.

"우리 뇌는 우리가 받아들이는 정보를 처리할 능력을 갖고 있는데 여기에는 대가가 따른다. 중요한 정보로부터 사소한 것을 가려내는 데 어려움을 겪는 등 모든 정보 처리 작업은 우리를 피곤하게 만든다."

과도한 정보 중 일부가 유발하는 감정이 걱정과 불안을 일으키거나 여러모로 심란하게 만들 때, 일종의 정서적 과부하가 일어나 평형 상태를 뒤흔들 수 있다.

### • 디지털 디톡스 하기

한 가지 해결책은 필요할 때 문을 걸어 잠가 자극적인 정보를 조절하는 것이다. 예를 들어 미디어 다이어트를 해서 걱정스러운 뉴스의 양을 조절할 수 있다. 뉴스피드를 확인하는 횟수를 정해 두거나 뉴스 읽는 시간을 오전으로 제한해 다른 시간에는 뉴스를 피하거나 뉴스를 전혀 확인하지 않는 날을 정할 수 있다. 어떤 방법이든 나 자신을 보호하는 실천을 하고 있다고 생각하자.

앞서 소개한 비영리 기관 전략 운용 매니저 안드레아는 남자 친구와 함께 살고 있다. 남자 친구는 방송국에서 일하는데, 일하지 않을 때도 뉴스를 즐겨 보고 거기서 에너지를 얻는다. 반면 안드레아는 뉴스에 귀 기울이면 고통스럽고 절망스러울 때가 많다.

"뉴스를 보면 우울하고 무기력해져요. 현재 벌어지는 일에 나만의 의견을 갖고 싶은데, 이런 상황에서는 그럴 기회를 다 빼앗기는 느낌이에요."

커플은 해결책을 냈다. 남자 친구는 뉴스를 봐도 안드레아는 보지 않기로 한 것이다. 대신 안드레아는 아침에 신문을 읽으면서 세상 돌아가는 일을 살펴보고 남은 하루는 원래 자기가 계획한 일에 집중하기로 했다.

• 질문 던지기

정서에 영향을 미치는 정보를 걸러 내는 데 좋은 또 다른 방법은 사안을 다각도로 바라보는 능력 등 비판적 사고력을 기르는 것이다. 비판적 사고 협회에 따르면, 비판적 사고란 사고력을 증진할 목적으로 생각을 분석하고 평가하는 기술을 말한다.

비판적 사고력을 향상하는 방법은 여러 가지다. 축구 경기에서 상대 팀이 연속 골을 기록할 때 타임아웃을 외치는 것처럼 감정적으로 상처받을 때도 몇 가지 질문으로 공격의 맥을 끊을 수 있다.

'이 정보의 출처는 뭐지?'

'믿을 만한 정보일까 편파적인 정보일까?'

'이 주장들을 뒷받침하는 증거가 나와 있나?'

특히 가짜 뉴스가 만연한 소셜 미디어에 게시된 글을 볼 때는 이런 질문을 꼭 해야 한다. 다른 사람의 생각, 논지, 주장을 들을 때는 어떻게 반응할지를 생각하지 말고 열린 마음을 유지하려고 노력한다. 그러고 나서 방금 본 정보를 여러 부문으로 나눠 다각도로 살펴보며 분석한다.

내가 속한 모임이나 직장에서 논쟁이 생겼다고 해 보자. 의견을 내놓기 전에 먼저 이렇게 생각해 보는 것이 현명하다.

'이 사람이 이것을 최선의 방법으로 제안하는 이유는 무엇일까?'
'잠재적인 장단점은 무엇일까?'
'이 제안은 우리 모임의 요구 사항을 반영하고 해결하기 위해 어떻게 한다는 걸까?'
'이 제안에 담긴 논리는 확실한 증거, 사실, 데이터 등 근거가 있을까?'
'이 사안의 논란을 줄이면서도 같은 효과를 낼 다른 방법이 있을까?'

방법과 이유를 따져 묻는 질문은 통찰을 준다. 이런 기술을 갈고닦는다면 스스로 생각하는 데 더 능숙해지고 기분 나쁜 정보를 문자 그대로 받아들이는 일이 줄어든다.

언론에서 보고 듣는 내용을 비판적으로 생각하되 자동적인 반응은 피해야 한다. 잠깐 정지 버튼을 누르고 주어진 정보에 관해 방법과 이유를 따져보고 '여기에서 언급하지 않는 내용은 무엇일까?'도 생각해 보자. 잊지 말아야 할 사실이 있다. 언론에서는 사람들의 관심을 끌어 시청률을 높일 목적으로 자극적이거나 선동적이거나 비상식적인 뉴스에 집중할 때가 많다. 좋은 소식은 묻혀 있을 때가 허다하다.

## • 생각 재구성하기

자기 생각에도 비판적 사고 기술을 사용하는 것이 현명하다. 자신의 사고방식 때문에 부지불식간에 정서적 염증에 기름을 끼얹는지도 모르기 때문이다.

삶에서 스트레스를 유발하는 요소는 두 가지다. 하나는 실제로 벌어지는 뉴스, 사건, 난처한 일이고 다른 하나는 이를 대하는 자신의 방식이다. 자신의 사고방식이 스트레스 수치를 높일 수도 있고 떨어뜨릴 수도 있다. 예를 들어 새로 오는 직장 상사의 평판이 나쁘다는 것을 알게 됐다고 하자. 이 변화를 위협으로 여긴다면 스트레스 수치가 올라가겠지만 반대로 이를 도전이라고 생각한다면 부담감이 줄어들고 '같이 일해 볼 만하겠다'는 느낌이 들 것이다.

이런 전략은 효과가 있다고 입증됐다. 한 연구 팀은 시험 참여자들을 임의로 나눠 한쪽에는 모의 연봉 협상에 들어가기 전에 느끼는 불안감을 유익하다고 판단하도록 했다. 다른 쪽에는 그 상황을 평가하는 방식에 구체적인 지침을 주지 않았다.

협상 전후 참여자들의 코르티솔 수치를 측정했더니 흥미로운 결과가 나타났다. 자신의 불안을 유익하다고 판단하도록 지시받은 사람들은 코르티솔 반응이 더 높게 나왔다. 하지만 이는 그들이 협상장에서 더 나은 성과를 얻은 덕분에 나타난 긍정적인 효과의 결과였다. 다시 말해 불안을 유익하다고 생각함으로써 스트레스 효과가 자신을 약하게 만들기보다는 강하게 만든 것이다.

다른 연구에서 연구 팀은 '스트레스는 강하게 만든다' 또는 '스트레스는 약하게 만든다'는 메시지가 적힌 장면을 보여 주고 사람들의 심리 상태를 조종한 뒤에 사회적 스트레스를 유발하는 테스트를 했다. 이 연구에서도 '스트레스는 강하게 만든다'는 메시지를 본 그룹이 좋은 성과를 나타냈다. 반대쪽 메시지를 본 사람들보다 성장 호르몬 수치가 급격히 높아지고 더 긍정적인 기분을 느꼈으며 더 높은 인지적 유연성을 발휘했다.

이런 것들은 인지 재구성(cognitive reframing)이라는 현상의 몇 가지 예다. 인지 재구성은 인지 행동 치료(cognitive behavioral therapy)의 토대를 이루는데, 이 치료는 사람들이 자신의 생각과 행동을 바꿈으로써 어떤 상황을 전과 다른 방식으로 느끼도록 돕는다. 기본 전제는 '생각이 정서에 영향을 미친다'는 것이다. 이 전제는 앞뒤를 바꿔도 맞는 진술이다.

## 잘못된 생각이 고착되기 전에 막아라

기분은 생각의 내용과 그 정서적 성격에 영향을 미칠 수 있다. '기분 일치'라는 인지 작용이 일어나기 때문이다. 긍정적인 기분은 긍정적인 생각을 낳고 부정적인 기분은 부정적인 생각을 낳는다. 이 효과들을 조합해 보면 기분과 생각은 서로 영향을 주고받는 쌍방향 도로에 놓여 있다.

이런 점에서 의식적인 노력을 기울여 기분과 생각을 모두 긍정적으로 최소한 부정적인 것에서 먼 방향으로 유도하는 것이 현명하다. 여기에 숨은 보너스가 있다. 좋은 기분을 유지하려고 노력하면 자신에게 다가오는 촉발 요인에 적극적으로 대처하거나 이를 막아 내는 데 더 유리한 위치에 서게 된다.

또 하나 염두에 둘 점은 다양한 인지 왜곡, 소위 뒤틀린 생각이 촉발 요인을 과장해 기분을 사로잡아 부정적인 감정에 더 깊이 빠지게 만든다는 사실이다. 대표적인 인지 왜곡의 예를 몇 가지 안내한다.

• '전부 아니면 아무것도 아니다'라는 사고방식

맥락을 살피지 않은 채 극단적이거나 절대적으로 상황을 판단하는 것.

• 파국적인 생각

최악의 상황을 상상하면서 주어진 상황을 더 위태롭고 위협적이라고 인식하는 것.

• 쉽게 단정 짓는 태도

자신의 추측을 뒷받침할 증거도 없으면서 이를 옳다고 믿는 것.

• 과장하는 태도

언짢은 상황을 지나치게 부풀려 생각하면서 더 큰 절망과 고통을 느끼는 것.

• 성급한 일반화

한 가지 언짢은 사건이 현재 진행되는 어떤 패턴의 일부라고 여기는 것.

이런 사고 패턴 하나하나에 정서적 염증을 악화시킬 잠재력이 있다. 따라서 머릿속의 뒤틀린 생각에 의문을 제기하거나 자세히 캐묻는 법을 배우는 것이 중요하다. 또는 자신의 판단에도 표본 오차가 생길 수 있다고 봐도 좋다. 자기 생각의 특징과 그 정서적 영향에 주의를 기울이면 필요할 때마다 이를 고치거나 다른 방향으로 이끌 수 있다.

이를테면 가장 두려워하는 일이 실제로 벌어지면 어떨지 자문해 보거나 지금 혼자 생각하는 것이 맞다고 증명할 근거가 있는지 살펴보거나 자신의 어휘에서 '항상, 절대로' 등의 단어를 빼는 것이다. 이 모든 것이 계속 맴도는 부정적인 말들을 잠재울 효과적인 방법이다.

오리건에서 마케팅 어시스턴트로 일하는 24세의 타라는 직장 생활이나 일상생활에서 까다롭거나 속상한 상황에 부딪히면 그 두려움을 최고치까지 끌어올리는 경향이 있다고 털어놓았다. 최악의 상황을 상상할 때도 있고 금전 문제나 직장 상황이 자신에게 해를 끼칠 온갖 가능성에 집착할 때도 있었다. 타라는 토로했다.

"막연한 상황이 펼쳐지거나 누군가가 내가 모르는 뭔가를 숨기고 있는 게 분명하다고 생각되면 세상이 끝나 버릴 것 같아요."

이런 상황에서 타라는 모든 것이 잘못될 수 있다거나 해결 방법이 없다거나 일이 다르게 풀릴 거라고 기대했던 자신이 바보 같았다는 생각에 빠져들면서 더 심하게 불안해졌다.

이런 부정적인 사고 패턴에 매몰되는 것을 막기 위해 타라는 배우자 또는 멘토에게 현재 상황이 실제로 얼마나 위태로운지 물어봄으로써 주기적으로 현실 자각을 하게 됐다. 또 난제를 헤쳐 가며 얻는 교훈을 생각하면서 장점을 바라보는 쪽으로 관점을 바꾸는 연습도 했다. 최근 들어 트위터도 끊은 타라는 이렇게 말했다.

"그렇게 했더니 부정적인 생각에 훨씬 덜 휘말렸어요. 부정적인 생각을 쏟아 내고 싶어질 때면 트위터에 눈을 돌렸는데 앱을 지우고 났더니 그런 기분도 가라앉더라고요."

# 나쁜 생각은 중독성이 강하다

언짢은 문제나 상황을 과도하게 생각하는 것은 위험하다. 앞서 설명했듯이 반추란 고통스러운 상황을 너무 깊이 숙고하거나 그 생각에 너무 오래 머물러 있어 고장 난 레코드처럼 문제를 계속 떠올리는 경향을 말한다.

자신은 문제의 여러 면을 고려하면서 적극적인 태도를 취하고 있다고 여길지 모른다. 하지만 같은 생각을 계속 떠올리다 보면 결국 쌍안경을 끼고 보는 것처럼 특정 측면에만 집착하고 큰 그림을 놓칠 때가 많다. 그러다가 기분도 더 나빠지고 현재의 상황도 더 싫어져서 결국 전반적으로 불행하다고 느낄 수도 있다.

반추는 패배감을 낳을 뿐만 아니라 건강에도 해롭다. 불안과 수면 장애가 심화되고 고혈압 등 심혈관계 질병이 일어나며 과식이나 과음을 일으키기도 한다. 소냐 류보머스키(Sonja Lyubomirsky) 박사는 저서《The How of Happiness》에서 반추를 이렇게 설명한다.

"슬픔을 유지하거나 악화하고 부정적으로 치우친 생각을 부추기며 문제 해결력을 망가뜨리고 의욕을 꺾고 집중과 주도적인 태도를 방해한다."

주어진 문제를 반추하면서 자기를 더 알아 가고 추진력을 얻는다고 생각할지 모르지만 실은 자기 삶에 대한 왜곡되고 회의적인 관점을 얻을 확률이 더 높다. 반추는 정신적 자원을 앗아 갈 뿐 아니라 기분을 추락시킨다. 시간이 갈수록 상황을 더 부정적으로 바라보게 만들기 때문이다.

괴로운 상태에 놓여 있을 때는 부정적인 생각과 기억이 더 쉽게 떠오르므로 그것들에 비춰 현재 벌어지는 상황을 해석할 가능성이 높다. 그렇게 얻은 왜곡된 그림은 바람직한 행동을 가로막아 걱정과 스트레스가 더 커진다. 결코 그런 결과를 바라지는 않을 것이다.

## 과도한 생각의 해로움 인식하기

다행히 반추하는 습관을 깨뜨릴 방법을 배울 수 있다. 반추하는 순간에 자신을 포착해 뭔가 마음을 사로잡을 만한 것을 읽거나 보고 듣기 좋은 음악을 듣고 악기를 연주하고 활기차게 걷고 반려동물을 돌보기도 하면서 다른 활동으로 기분을 전환하는 것이다. 아니면 의식적으로 다른 사람에게 주의를 기울여도 좋다. 음식을 만들어 친구에게 저녁 식사로 가져다주는 등 작은 친절을 베풀 수도 있다.

이런 행동을 취하면 반추하려는 충동을 끊어 낼 것이다. 돌고 도는 생각의 고리로부터 자신을 지키고 싶다면 생각을 멈추는 기술을 써 보자. 멈춤 신호를 상상하거나 '생각은 방학 중이야. 지금 이걸 생각할 필요는 없어'라고 자신에게 말하고 깊이 숨을 들이마시고 천천히 내쉬면서 의식적으로 주의를 다른 곳으로 돌린다.

고민 중인 문제를 내일 또는 나중에 다시 생각하자고 자신과 약속할 수도 있다. 문제를 피하는 것이 아니라 감정을 더 잘 통제할 수 있을 때 문제를 해결하는 것이 목표다. 이후 약속한 시간이 되면 10~15분간 무엇 때문에 기분이 거슬리는지, 상황이 어떻게 변하면 좋을지, 내가 무엇을 할 수 있는지 생각해 본다. 가장 괜찮은 방법을 결정해 행동 계획을 세운다.

예를 들어 배우자와의 관계에서 생기는 긴장을 놓고 반추해 왔다면 상대방과 대화를 나눌 시간을 함께 정한다. 중요한 문제인데 둘만의 대화로는 진척이 거의 없다면 같이 상담을 받으러 가는 편을 제안해 보라.

고민거리를 머릿속에서 끄집어내 손쓸 수 있는 대상으로 바꾸고 싶다면 종이를 꺼내거나 컴퓨터를 켜 놓고 자신의 생각을 글로 옮기는 것도 도움이 된다. 자신의 감정을 글로 옮기는 행위는 마음속 짐을 덜 뿐 아니라 그런 기분을 정돈하고 이해하는 데도 유익하다. 어쩌면 자신을 괴롭히던 것이 처음 생각만큼 압도적이거나 위협적이지 않다는 사실을 발견할지도 모른다.

마음을 괴롭히는 상황을 바꿀 방법이 없을 때는 아무리 고통스럽더라도 현실을 받아들이려고 노력하고 그 문제는 더 이상 생각하지 않겠다고 결심하라. 자신의 감정을 정직하게 인정하고 이로부터 얻을 수 있는 통찰이나 지혜를 찾으려고 노력해 보라. 자신의 분노나 절망을 건설적인 활동에 쏟아서 삶의 다른 부분을 개선할 수도 있다.

# 집착에서 벗어나는 90초 법칙

우리가 직면하는 수많은 압박을 생각하면 불편함과 불확실성은 현대 생활에서 필수적이나 다름없다. 어쩌면 이런 감정에 익숙해지는 편이 나을지도 모른다. 그렇다고 패배주의적인 태도를 갖거나 현재 상황을 받아들이고만 있자는 말이 아니다. 이런 감정이 마음과 정신을 파고들거나 지배하지 않도록 어느 정도의 불편함이나 불확실성을 견디는 힘을 기르자는 것이다.

이것이 수용 전념 치료(acceptance and commitment therapy)의 특징이다. 최근 심리학계에서 큰 주목을 끄는 수용 전념 치료는 주의를 기울여 자신의 감정과 반응을 받아들인 뒤 자신의 가치에 맞는 방식으로 행동하고 살아가도록 권하는 치료법이다. 이 치료는 내적 감정과 씨름하지 않고도 앞으로 나아가도록 돕는다.

## 불편함에 대한 내성 키우기

순간순간 느껴지는 절망, 불안, 분노에 저항하기보다는 그 감정을 껴안고 받아들이는 편이 나을 때도 있다. 떠오른 감정이 존재한다는 사실을 인식하되 이를 판단하거나 밀어내지 마라. 대신 이 감정들을 시냇물에 떠 가는 나뭇잎이라고 생각하면 자연스럽게 흘러갈 것이다.

신경 과학자 질 볼트 테일러(Jill Bolte Taylor) 박사에 따르면, 주변 환경의 무언가에 정서적으로 반응할 때 신체는 화학 반응을 일으켜 각성 상태로 만들지만 이는 단 90초간 지속한다. 90초가 지나서도 남아 있는 정서적 반응은 의식적으로든 무의식적으로든 그 상태에 머물겠다는 자신의 선택이 낳은 결과다.

90초 법칙을 알고부터 나는 이 사실을 매우 좋아하게 됐다. 그 전까지는 어떤 문제로 슬슬 기분이 언짢아지면 금세 반추 상태에 빠져 그 문제를 계속 고민하며 괴로워했고 그 결과 더 큰 좌절감과 동요를 느끼곤 했다. 이제는 내가 뭘 하고 있는지 인식되면 '90초 법칙! 90초 법칙!'이라고 나 자신에게 여러 번 단단하게 못 박는다. 나를 붙들고 있는 정서적, 화학적 각성 상태가 곧 지나갈 거라고 깨우쳐주는 것이다.

더불어 이런 감정에 매달리는 것은 나의 선택이라는 사실도 상기한다.

효과가 바로 나타나지는 않지만 매번 이 전략을 쓸 때마다 점점 더 큰 효과를 경험한다. 강렬한 감정의 장악력이 논리 앞에 무릎을 꿇을 때마다 든든한 안도감이 생긴다.

몰아치는 감정의 파도를 인식하되 이에 휩쓸리지 않는다면 곧 그 파도가 빠져나가는 것도 느낄 수 있다. 중요한 점은 자신의 감정이나 그 유발 요인에 주의를 쏟거나 이를 판단하거나 반추하지 않는 것이다. 지금 느끼는 감정을 몸 밖에 있는 물체라고 생각하고 이름을 붙여 보자. 감정을 그대로 느끼되 그 후에는 기꺼이 보내 줘야 한다.

질 볼트 테일러 박사는 저서 《나는 내가 죽었다고 생각했습니다(My Stroke of Insight)》에서 이렇게 말했다.

"내가 좋아하는 두려움의 정의는 '실제처럼 보이는 잘못된 기대'다. 내 모든 생각이 일시적인 생리 현상이라는 사실을 기억하면, 내 머릿속 스토리텔러가 헝클어져 신경 회로가 자극을 받을 때 덜 동요하게 된다."

# 평정심을 찾는 습관

사람은 매일 6~8만 개의 생각을 떠올린다고 추산된다. 흥미롭게도 그중 다수가 반복적인 생각이다. 즉 어제도, 지난주에도, 그전에도 똑같거나 비슷한 생각을 했다는 말이다. 초프라 행복 센터의 공동 설립자이자 통합의학과 개인의 변화 부문에서 세계적으로 유명한 선구자인 의학 박사 디팩 초프라(Deepak Chopra)는 지적했다.

"마음은 반복적인 생각의 고리에 갇혀 있는 경향이 있으며 이 때문에 새로운 아이디어와 영감을 품을 공간이 없다."

다양한 명상을 하면 자각과 의식을 넓히는 데 유익하다. 이를 통해 반복적인 사고 습관에서 벗어나 새로운 통찰과 아이디어를 얻고 이전과 다른 영감의 원천을 얻을 수 있다.

## 명상으로 마음 가라앉히기

일상에서 마음챙김을 이루려고 노력하는 것과 초월 명상이나 마음챙김 명상을 연습하는 것은 속상한 세상일이나 여러 상황과 자신 사이에 완충지대를 만드는 데 매우 효과적이다.

눈을 감고 앉아 조용히 진언(mantra, 한 단어 또는 소리)을 반복하는 초월 명상은 그 순간에서 벗어나 특별한 침묵 속에 들어가 깊은 내적 평화를 느끼게 한다. 여러 연구는 스트레스와 불안 감소, 수면 개선, 기억력과 정신적 명료성 향상 같은 초월 명상의 여러 유익을 보여 줬다. 심지어 미국 심장학회는 고혈압을 낮출 방법으로 환자에게 초월 명상을 권하도록 임상 의사들에게 제안하기도 했고 미군은 외상 후 스트레스 장애의 치료법으로 초월 명상을 인정하기도 했다.

이와 반대로 마음챙김 명상은 호흡에 집중하면서 '지금 여기'에 머무르는 데 집중한다. 주의가 흐트러지면 다시 호흡에 집중한다. 마음챙김 연습은 불안을 줄이고 통증 관리를 수월하게 하는 동시에 정서 조절을 향상하고 작업 기억 같은 인지 기능도 증진한다는 사실이 입증됐다.

많은 시간을 들일 필요도 없다. 뉴욕 대학교의 한 연구 결과 초보 명상

가들이 숙련자의 도움을 받으며 매일 13분간 짧게 명상하기를 8주간 지속했더니 나쁜 기분과 불안이 크게 줄고 주의력, 작업 기억, 정서 조절이 개선됐다.

사람마다 두 명상 중 선호하는 쪽이 다를 수 있다. 둘 중 하나 또는 두 가지 모두 연습해 보고 자기에게 맞는 명상을 찾아보자.

# 감정 채널 돌리기

    부정적인 생각을 마음에서 몰아냈거나 적당한 거리를 두게 됐는가? 그렇다면 이제 더 건설적이고 낙관적인 쪽으로 태도를 바꿀 차례다. 연구에 따르면 우리 마음에 관한 한 건강한 평형 상태를 유지해 점점 상승하는 삶을 살려면 부정적인 자극보다 세 배 많은 긍정적인 자극이 필요하다.

    요컨대 번영하는 삶을 살려면 부정적인 경험보다 긍정적인 경험이 더 많이 필요하다는 것이다. 바버라 프레드릭슨(Barbara Fredrickson) 박사는《긍정의 발견(Positivity)》에서 이렇게 말했다.

    "긍정은 나쁜 생각을 좋은 생각으로 바꾸듯 마음의 내용을 바꿀 뿐 아니라 마음의 범위 또는 경계에도 변화를 일으킨다. 내 눈에 들어오는 가능성의 범위까지 넓어진다는 것이다."

이 중요한 전환점을 만들어 내고 도달하는 것은 고통과 번영, 즐거움과 낙담 사이를 가르는 분기점을 의미할 수도 있다. 자신만의 전환점을 찾으려면 하루를 보내는 동안 주기적으로 잠시 멈춰 정서적 맥박을 재 보자. 또한 의식적으로 부정적인 자극을 주는 사람, 요인과 거리를 두고 부정적인 생각이 떠오를 때는 이를 반박하고 조금 더 주의를 기울여 지금 내 삶에 일어나는 일에 초점을 맞춤으로써 자신에게 유리한 쪽으로 균형을 옮길 수 있다.

## 감사하는 마음을 글로 적자

2018년 봄, 위스콘신에서 사업가이자 마케팅 전문가로 살던 43세의 맷은 소셜 미디어에 올라오는 온갖 부정적인 소식 때문에 사기가 꺾이는 듯했다. 보다 못한 맷은 날마다 감사 일기를 적어 게시하기 시작했다. 처음에는 하루에 하나라도 감사할 일을 찾고 싶었을 뿐이었는데 하다 보니 날마다 어렵지 않게 감사할 일을 여러 개 찾을 수 있었다.

맷은 긍정적인 순간을 포착할 방법을 적극적으로 생각해 봤다. 고급스러운 음식을 요리하거나 자연에서 시간을 보내거나 한 번도 가 보지 않은 장소를 찾아간 일을 공유했더니 훨씬 즐겁고 낙관적인 기분이 들었다. 그의 게시물을 읽는 사람에게도 긍정적인 효과가 나타났다.

맷의 경험은 전혀 이례적이지 않다. 수많은 연구가 구체적인 또는 일반적인 감사의 내용을 나열하거나 다른 사람과 이야기하는 것, 감사를 표현하는 것이 정서적 안녕과 삶의 만족도 향상과 연관된다는 사실을 밝혀냈다.

캘리포니아의 한 연구 팀은 불안이나 우울증이 있는 사람들에게 의도적으로 긍정적 정서 체계를 겨냥했을 때 나타나는 효과를 알아봤다. 이 체계는 기쁨, 흥분 같은 낙관적인 감정이 나타나며 보상을 얻을 가능성이 있는 상황으로 사람들을 인도하는 특징이 있다.

참여자들은 여러 활동이 포함되는 다양한 요소로 구성된 긍정적인 활동 프로토콜에 따라 매주 한 시간씩 10주간 시험에 참여하면서 연구에서 제시한 일들을 수행했다.

감사 표현하기, 감사한 일을 다섯 가지 적기, 타인을 위해 하루에 다섯 가지 선행 베풀기, 개인적으로 소중히 여기는 것을 발견하기(그리고 그것이 왜 중요하고 일상에서 어떻게 사용되는지 적기), 낙관주의 실천하기(자신이 선택한 삶의 영역에서 '최고의 미래'를 상상하고 이를 어떻게 실현할지 생각하기)

연구의 목표는 '긍정적인 생각, 감정, 행동으로 이뤄진 상승 작용'으로 사람들이 불안과 우울을 극복하게 하는 것이었고 실제로 효과가 있었다. 10주 활동을 완료하고 3개월, 6개월의 활동을 마친 후 참여자들은 자신의 일상에 맞는 활동을 자유롭게 선택해 실천했는데 긍정적인 감정과 안녕감이 상당히 높아졌을 뿐 아니라 부정적인 기분이 나타나는 증상도 줄어들었다.

이 연구가 보여 주듯이 많은 사람은 정서적 건강을 강화하는 방법으로 자신의 주의를 다른 곳에 쏟도록 스스로 훈련할 수 있다. 효과적인 방법으로 자신의 주의와 태도를 바꾼다면 장기적으로 정서적 평형 상태를 회복하는 데 유익하다. 또한 특정 순간에 즉시 안도감을 느끼고 싶을 때 이런 방법을 사용해 감정적으로 금방 다시 일어날 수도 있고 배우자나 친구와 격렬한 논쟁을 벌이고 난 뒤에 정서적 여파로 괴로울 때도 자신을 돌볼 수 있다. 다시 말해 이런 전략은 부정적인 감정의 마법을 깨뜨릴 수 있다.

## 부정적 감정을 깨뜨리는 기술

### • 어휘를 바꾼다

불안 때문에 점점 신경이 곤두선다면 현재 상황을 더 자세히 들여다보고 이를 재구성해 보라. 예를 들어 발표 준비로 느끼는 초조함은 흥분이나 열의로 바꿔 본다.

사회 심리학자 에이미 커디(Amy Cuddy) 박사는 《Presence》에서 이렇게 말했다.

"지금 경험하는 감정의 의미를 자기 생각을 살짝 바꿔 불안을 흥분이라고 여기듯 재구성하기만 해도 마음이 쏠리는 방향을 바꿔 압박감에서 성공하는 데 필요한 인지적, 생리적 자원을 동원할 수 있다."

• 감정을 단어로 옮긴다

마음을 풀어내는 글쓰기를 통해 감정을 일으키는 생활의 문제를 속 시원히 쏟아놓으면 수많은 면에서 건강과 정서적 안녕에 유익하다. 또한 자신에게 벌어졌던 일에 관한 새로운 관점도 얻게 된다.

감정을 말로 표현하는 것 자체가 일종의 카타르시스를 주기 때문인지, 어지러웠던 생각을 더 차분하게 가다듬어서인지, 자신의 감정을 더 잘 조절하게 해 주기 때문인지 모르지만 이로써 얻는 결과는 비슷하다. 글쓰기는 속상한 경험을 소화하거나 이에 대한 통제감을 갖는 데 도움을 준다.

• 멀리 본다

뭔가 속상한 일이 벌어졌다면 스스로에게 물어보자.

'다음 주에도 이 문제가 내게 중요할까? 다음 달에는? 내년에는? 이 문제는 실제로 내게 얼마나 중요한 걸까?'

이 상황이 가져올 실질적인 결과를 생각하면서 멀리 바라본다면 감정을 일으키는 요인의 타격을 어느 정도 피할 수 있다.

• 지금 누리고 있는 축복을 세어 본다

인생에서 가장 감사히 여기는 것을 생각하고 이를 적어 보자. 감사를 느끼고 표현하면 정서적 안녕과 사회적 관계가 증진할 뿐 아니라 신경의 민감도도 높아져 미래에 감사를 더 많이 느끼게 된다.

### • 과거의 즐거운 기억으로 여행을 떠난다

기분이 나쁠 때 의식적으로 긍정적인 기억이나 좋았던 때를 떠올리면 그 순간 기분이 나아질 뿐 아니라 전전두엽 피질도 활성화되어 정서적, 인지적 조절 기능이 증진된다. 이 효과를 뒷받침하는 연구가 많아지자 '회상 치료(reminiscence therapy)'라는 기법도 생겼다. 이 치료는 다양한 연령대의 사람들에게 놀라운 효과를 나타내고 있다.

### • 자기 확증을 연습한다

일기장에 기록하든 잠시 시간을 내 생각해 보든 자신이 가장 소중히 여기는 가치, 특성, 행동이 무엇이며 이것이 자신에게 왜 중요한지에 주의를 모아 보자. 이런 연습을 하면 살면서 어려운 일에 부딪혔을 때 자신이 능력 있고 훌륭하며 효과적이라는 느낌이 강하게 들 것이다. 나아가 자기 통제감, 자기 이미지, 전반적인 정서적 안녕도 높아진다.

### • 자신을 측은하게 여긴다

스스로를 이해하고 자신에게 친절과 공감을 베푸는 자세를 기르고 부정적인 감정과 생각이 나를 해친다는 것을 인식하라. 머릿속에서 일어나는 대화를 바꿈으로써 자신에게 휴식을 줄 수 있다. 완벽한 사람은 아무도 없으며 사람은 누구나 이따금 잘못 판단하고 실수를 저지른다는 사실을 기억하자.

### • 자신을 풀어 둔다

나를 무시하거나 내게 상처를 준 사람과 몹시 언짢은 갈등이 있었다면 내가 정말 하고 싶었던 말이나 행동을 생각해 보자. 그런 다음 상대에게 욕을 퍼붓거나 다른 방식으로 분노와 절망을 표하는 자기 모습을 상상한다. 억제하려고 애쓰지 마라. 이런 행동을 취한다는 것은 분명 불쾌한 일이지만 이를 머릿속에서 실현한다면 카타르시스가 느껴지는 경우가 많다.

평화로운 장면을 상상하면 마음이 차분해지듯이 이런 장면을 상상하면 지금 느끼고 있을지 모를 독한 감정을 풀어 버릴 수 있다. 그렇게 한바탕 하고 나서 마음이 가라앉으면 뇌의 전전두엽 피질이 앞서 일어난 일로부터 배울 수 있는 교훈을 생각해 볼 수 있다. 잊지 마라. 부정적인 감정 때문에 누군가에게 무슨 행동을 저지르는 것이 아니라면 그런 감정을 나쁘게 여기지 않아도 된다.

### • 색깔을 이용한다

색채 심리학 연구에 따르면 초록색이나 파란색처럼 평온한 색은 심신을 가라앉히고 회복을 안겨 주는 반면 빨간색이나 노란색은 더 자극적이다. 물론 채도와 밝기도 영향력을 발휘하는 요소다. 따라서 자신의 기분과 에너지를 올바른 방향으로 유도하길 원한다면 자기 주변의 색조를 정할 때 이런 특성에 주의를 기울이자.

• 끌리는 음악을 듣는다

네덜란드에서 수행한 연구에 따르면, 스트레스 상황을 겪고 난 뒤에 자신이 고른 편안하고 기분 좋은 음악을 듣고 기분이 나아질 수 있다. 이런 음악은 스트레스 경험 뒤에 더 수월하게 혈압을 원래 상태로 돌려놓으며 방금 일어난 일을 반추하고 싶은 욕구로부터 주의를 돌리기도 한다. 그러니 휴대폰과 이어폰을 들거나 악기를 꺼내 마음과 영혼에 영양분을 공급해 주는 음악을 마음껏 듣자.


• 타인을 위해 선행을 베푼다

자신에게 집중하는 것이 행복의 열쇠라는 흔한 가정과는 반대로, 연구 결과를 살펴보면 다른 사람이나 세상을 위해 친절을 베풀면 긍정적인 감정이 커지고 부정적인 감정은 작아져 심리적으로 훨씬 더 성장할 수 있다.

도움이 필요한 사람에게 음식을 대접하거나 자신이 옳다고 믿는 일에 자원봉사자로 참여해 보라. 주기적으로 타인에게 베푸는 행동은 전염성이 있어서 다른 사람들도 친절과 관용에 동참하도록 유도할 수 있다.


이 모든 생각 훈련에는 의도적으로 정서를 조절하는 일이 빠지지 않는다. 뇌의 아미그달라가 기분을 사로잡아 달아나게 두지 않는 것이다. 결국 이 모든 생각은 내 기분과 태도를 나락으로 떨어뜨릴 뇌의 부정적인 사고 활동을 내게 치유와 에너지를 안겨 줄 긍정적인 사고 활동으로 바꾸는 일이다.

이를 통해 마음을 다잡아 좀 더 균형잡힌 관점으로 생각을 조성하고 현명하고 건설적인 방식으로 자기 생각에 의문을 제기하게 된다. 이런 건강한 방법은 평정심을 되찾게 해 줄 뿐 아니라 자신의 삶과 주변 세계에서 벌어지는 일을 향상시키는 방향으로 나아가도록 도와줄 것이다.

17세기 프랑스 출신의 철학자이자 수학자인 르네 데카르트는 합리적 의심 앞에서 탄탄한 지식의 토대를 제공하고자 "나는 생각한다. 고로 존재한다"라는 명제를 내놓았다. 이후 수세기 동안 세상은 분명 달라졌지만 인간의 기본적인 불안은 그대로 남아 있다. 데카르트의 뜻은 충분히 존중하지만 이제 그의 명제를 바꿀 때가 되지 않았나 싶다.

"나는 잘 생각한다. 그러므로 진정 잘 존재한다."

거친 세상에서 정서적 평형 상태를 유지할 토대를 만든다는 것은 결코 쉬운 일이 아니다. 비판적 사고 기술을 기르고 인지적 왜곡을 바로잡고 의식적으로 자신의 생각을 건강한 방향으로 조종하면서 정신의 힘을 올바로 사용해야 한다. 그럼 정서적 촉발 요인의 타격을 낮출 뿐만 아니라 뇌의 보상 회로도 작동할 수 있다.

- 5장 -

# 생활 습관
# 개선하기

"자기를 돌보는 모든 행위는 진정한 자아를 강화하고 비판적이고
두려운 마음을 약화한다. 자기를 돌보는 모든 행위는
'나는 내 편이다'라는 강력한 선언이다."

**-수전 웨이스 베리(Susan Weiss Berry)**
미국 출신의 마음챙김 코치, 작가, 화가

# 몸과 마음의 원래 상태로 돌아가기

건강한 식생활, 규칙적인 운동, 충분한 수면, 금연, 스트레스 관리 등 몸을 잘 돌보는 기본 수칙은 잘 알려져 있다. 정서적 염증을 가라앉히는 데도 이 모든 사항이 그대로 권장된다. 그중에서도 몇몇 요소는 특히 중요한데 흥미로운 내용이 있다. 채소가 주를 이룬 건강식을 먹고 유산소 운동과 근력 운동을 꾸준히 하고 밤에는 7~9시간 동안 푹 자고 금연하고 시간을 들여 스트레스를 푸는 것도 모두 지켜야 하지만 이는 시작일 뿐이다.

특히 정서적 염증을 앓고 있을 때는 과잉 반응, 동요, 번민 등 불편한 감정을 가라앉히기 위해 한 걸음 더 나아가는 노력이 어느 때보다 필요하다. 스트레스를 받을 때 사람들은 최대한 저항이 적은 쪽을 택하거나 자신의 건강을 소홀히 한다. 분명 이는 기분을 개선하는 데 유익하지 않다. 오히려 기분을 악화시킬 수 있다.

식생활 얘기부터 해 보자. 식단에 관한 주장은 가지가지라서 혼란스러울 때가 많다. 음식 그 자체가 어마어마한 주제다. 사람들은 좋은 음식과 나쁜 음식이 무엇인지, 언제 어디서 먹거나 안 먹는 것이 합당한지 의견이 확고할 때가 많다. 심지어 먹는 방식에 윤리적 미덕을 부여할 때도 있다.

'건강식품 강박증'이라는 현상도 있다. 건강식품을 섭취하는 데 너무 집착한 나머지 다양한 영양분을 기피하고 때로는 특정 식품군을 모조리 멀리하는 것이다. 이런 엄격한 규칙을 기준으로 두고 사회적 모임에서도 어떻게 행동할지를 결정한다. 예를 들어 친구와 운동하는 것은 괜찮지만 함께 점심을 먹는 것은 극구 피하는 것이다.

환경적으로 우려할 점도 고려해 볼 문제다. 어떤 사람들은 탄소 발자국을 줄이려는 목적으로 현지 음식을 구하거나 동물에 대한 연민으로 엄격하게 채식을 하거나 지구를 생각하는 마음에 음식물 쓰레기와 포장을 줄이려고 온갖 노력을 기울인다. 다시 말해 무엇을, 어떻게 먹을지 결정하는 일이 다양한 정서를 유발하는데 그중 몇몇은 어려운 감정이다.

## 일당백 미생물

음식은 여전히 우리의 몸 건강, 인지 기능, 정서적 안녕에 필수다. 정크푸드나 단 음식을 과하게 섭취하면 혈당과 기분이 급격히 오르락내리락하는 것처럼 끼니를 거르거나 불규칙적으로 식사를 하면 신체적, 정서적으로 고갈된 듯한 상태에 놓일 수 있다. 정서적 염증을 치료할 완벽한 식단은 없지만 내가 먹는 음식에 몸이 어떻게 반응하는지는 상당히 중요하다.

이 반응을 크게 좌우하는 것은 요즘 떠오르는 의학 분야인 장 마이크로바이옴(gut microbiome)이다. 장 마이크로바이옴은 위장에 100조 개 이상의 세균, 균류, 바이러스 등 미생물 군집으로 존재한다. 인체 세포의 10배가 넘는 미생물이 몸 안에 살고 있다. 우리의 장에 그렇게나 많은 벌레가 돌아다닌다고 생각하면 불쾌한 기분부터 들지만, 최근 연구에 따르면 이 미생물들이 제 기능을 하는 것은 심장이 제대로 뛰는 것만큼이나 인간의 건강에 중요하다.

최적의 상태에서는 유익균이 유해균보다 월등히 많아 평화롭다. 사람의 장 마이크로바이옴은 공장의 축소판과도 같다. 고도로 숙련된 노동자들이 적재적소에서 깜짝 놀랄 만큼 많고 다양한 제품을 조달하는 것처럼 일당백으로 일을 소화하고 있다.

이 부지런한 미생물들은 음식물을 작은 구성 요소로 분해하여 다양한 신체 기능에 활용하도록 한다. 그렇게 만들어진 아미노산은 단백질의 구성 요소가 되어 몸에서 일어나는 거의 모든 활동에 관여한다. 단백질은 질병을 유발하는 미생물과 침입자로부터 몸을 보호하며 면역계 조절을 돕는다. 또한 단백질은 신경 기능에 필요한 비타민 B군, 혈액 응고에 필수적인 비타민 K 등 다양한 비타민도 생산한다. 기억력, 사고력, 고난도 과제 수행력, 심지어 우리가 느끼고 행동하는 방식까지 뇌의 여러 상태를 조성하는 데도 단백질이 관여한다. 아주 작은 생명체가 한다고 보기에는 정말 많은 일이다.

## 장 건강과 감정의 상관관계

요즘 급성장하는 연구 분야에서는 장 마이크로바이옴이 뇌와 끊임없이 의사소통한다는 것을 알리고 있다. 수다스러운 10대 청소년들처럼 장과 뇌는 신경(창자 신경계)과 혈류(장의 경우)를 사용하여 메시지를 계속 주고받는다. 이런 메시지가 기분, 스트레스 반응, 일주기 리듬, 수면 패턴에도 영향을 미친다.

'제2의 뇌'라고 자주 불리는 장 마이크로바이옴은 때로 우리의 안녕에 영향을 미칠 정도로 역할이 막중하다. 새로운 연구에서는 장 마이크로바이옴과 뇌의 연결이 정신 건강에 대한 새로운 접근 방식이라는 사실을 보여 준다. 실제로 장 마이크로바이옴의 구성, 장과 뇌의 의사소통 방식은 우울증, 불안 및 기분 장애의 발병 위험에 영향을 미칠 수 있다. 실제로 스웨덴과 네덜란드에서 진행한 다수의 연구에서는 연구자들이 '우울한 미생물'이라고 부를 만한 것을 규명했다.

충격적인 사실은 또 있다. 기분 조절에 관여한다고 알려진 신경 전달 물질인 세로토닌의 90%는 소화관에서 만들어지는데 이것도 미생물의 업적이다. 장내 세균은 뇌의 보상, 동기, 주의력 중추를 자극하는 도파민, 스트레스 상황에서 행동 기능을 자극하는 노르에피네프린, 불안을 낮추며 전반적으로 신경계를 진정시키는 감마 아미노부티르산 등 여러 신경 전달 물질의 수치를 높이거나 낮춘다는 것도 밝혀졌다.

한 사람의 마이크로바이옴은 지문처럼 친구나 가족의 마이크로바이옴과 다를 수 있다. 각 사람의 몸에는 이런 미생물들이 독특한 형태의 네트워크를 이룬다. 처음 이 네트워크를 결정하는 것은 유전 요인이지만 엄마의 몸을 빠져나와 모유를 먹으면서 겪는 여러 생후 조건도 영향을 미친다. 시간이 흐르면서 거주지와 숨 쉬는 공기, 마시는 물, 음식, 복용약을 비롯해 화학 물질 등 생활 방식이 마이크로바이옴에 변화를 일으킨다. 바로 이 지점에서 우리가 선택을 내리고 자신의 건강을 책임지고 자기 몸의 마이크로바이옴의 균형을 긍정적 또는 부정적인 방향으로 이끌 수 있다.

# 잘 먹고 잘 사는 법

마이크로바이옴에 지대한 영향을 미치는 식습관의 대원칙부터 살펴보자. 정신이 번쩍 드는 소식부터 전한다. 전분 탄수화물, 단당류, 포화 지방, 동물성 단백질, 가공 식품, 인공 감미료 등을 많이 섭취하면 장내에 유해한 미생물의 증식이 촉진된다. 이 악당들은 특히 염증을 부추기고 장 건강을 촉진하는 세균과 건강을 위협하는 세균의 비율을 망가뜨린다.

이제 좋은 소식을 알아보자. 적합한 유형의 박테리아와 항염증성 식품을 섭취하면 장의 훌륭한 선수들이 활약하도록 도와 몸과 마음 모두에서 염증을 줄일 수 있다.

최근 몇 년 사이에 영양 연구가 발전하면서 우리의 장 건강을 개선하는 구체적인 식품 성분이 밝혀졌다. 이 중 순위에서 상위를 차지하는 프로바이오틱스(특정 식품에 함유된 유익균과 효모)와 프리바이오틱스(소화할 수 없는 몇몇 식품 성분)가 장 건강을 위한 환상의 듀오다. 프로바이오틱스가 많이 함유된 음식을 먹으면 장내 유익균의 수를 늘리는 데 도움이 된다. 프리바이오틱스가 풍부한 음식을 섭취하면 장내 유익균인 프로바이오틱스의 성장을 촉진한다.

## 장부터 편안하게 하라

두 성분의 역할을 이해할 수 있도록 공장에 비유해서 구체적으로 설명하겠다. 공장과 같은 우리 몸은 주어진 일을 완수하기 위해 전문적이고 탁월한 팀워크가 필요하다. 프로바이오틱스는 신체적, 정신적 건강을 돕고 제품(다양한 신체 계통이 최적의 기능을 발휘하는 것)을 조달하는 노동자다. 이 노동자들은 밤낮으로 일하지만 훌륭한 기능을 지속적으로 발휘하려면 훌륭한 영양분을 공급받아야 한다.

여기서 프리바이오틱스가 등장한다. 영양가 높은 이 식품은 노동자들이 일을 지속하도록 조력한다. 이와 달리 이 노동자들에게 패스트푸드나 가공식품을 계속 제공한다면 능률이 떨어져 주요 제품(신체적, 정신적 건강)도 덩달아 줄어든다.

프로바이오틱스의 좋은 공급원에는 요구르트, 케피어(kefir, 소젖, 염소젖, 양젖으로 만드는 발포성 발효유─옮긴이), 김치, 사우어크라우트(sauerkraut, 양배추를 싱겁게 절여 발효시킨 독일식 김치-옮긴이), 미소, 템페(tempeh, 인도네시아의 콩 발효 식품-옮긴이), 콤부차(Kombucha, 홍차, 녹차를 우린 물을 사탕수수 원당, 효모로 발효시킨 음료-옮긴이) 등이 있다.

이 음식들은 생배양 형태의 유익균을 천연 그대로 함유했거나 발효 과정을 통해 함유하게 된 종류다. 유제품을 섭취하지 않는 사람도 걱정할 것 없다. 코코넛우유, 캐슈우유, 두유 등의 비유제품과 요구르트도 유익균을 함유한다.

프리바이오틱스는 렌틸콩, 병아리콩, 붉은 강낭콩, 마늘, 샬롯(shallot, 작은 양파의 일종-옮긴이) 등 양파류, 파, 리이크(leek, 줄기와 뿌리는 대파와 비슷하고 잎은 마늘잎 같으며 파와 같은 용도로 쓰인다-옮긴이), 아스파라거스, 바나나, 사과, 치커리, 돼지감자, 사보이 양배추에 많이 들어 있다. 귀리, 기울, 보리도 프리바이오틱스의 훌륭한 공급원이다.

강력한 효과를 얻고 싶다면 프로바이오틱스와 프리바이오틱스가 함유된 식품을 한 끼에 함께 섭취하면 된다. 요구르트 한 컵에 바나나를 잘게 썰어 넣고 그 위에 치아씨를 뿌려 먹거나 마늘, 양파, 아스파라거스, 템페를 프라이팬에 넣고 센 불에 재빨리 볶아 먹어 보라.

프로바이오틱스는 보충제보다 식품 형태 그대로 섭취하는 것이 더 바람직하다. 식이 보충제나 프로바이오틱스 보충제 생산업체는 미국 식품의약국(FDA)이 의약품을 승인할 때 요구하는 안전성, 효능, 순도, 강도를 따를 필요가 없기 때문이다. 그래서 이런 제품에 무엇이 들어 있을지 모를 때도 있다. 모든 사람에게 맞는 프로바이오틱스가 있는 것도 아니다.

이상적으로는 검사를 받아 자기 몸과 마이크로바이옴에 맞는 프로바이오틱스를 처방받고 나서 자기에게 유익한 특정 형태의 균을 섭취하는 것이 좋다. 이런 점에서 여기에서 제안한 식품들은 신체적, 정신적 건강에 해를 끼치지 않고 유익을 줄 만한 범주에 속한다. 기본적으로 영양이 풍부하기 때문에 평상시 식단에 추가하더라도 손해 볼 일이 전혀 없다.

## 마음이 차분해지는 음식

좋은 장을 위한 식단에는 항염증성 식품도 포함된다. 통합 의학 분야의 선구자인 앤드류 와일(Andrew Weil)은 올바른 식품을 쉽게 고르는 데 도움을 주고자 항염증 식품 피라미드를 만들었다.

이 피라미드를 가득 채우는 식품은 영양분이 풍부한 채소와 과일, 통곡물과 쪼갠 곡물, 콩류, 견과와 엑스트라 버진 올리브오일에 함유된 건강한 지방, 생선과 패류, 전두(whole soy) 식품, 조리된 아시아 버섯, 차(백차, 녹차, 우롱차), 약초와 향료(마늘, 생강, 오레가노, 계피, 터메릭), 적당량의 레드 와인(여성 하루 1잔, 남성 하루 2잔)이다. 식이지방의 경우 오메가-3 지방산(아마씨, 치아씨, 호두, 카놀라유, 연어, 참치, 넙치, 안초비, 정어리 등의 지방이 풍부한 냉수성 어류에 함유)이 가장 강력한 항염증 성질을 지녔다.

단것을 좋아하는 사람이라면 카카오 함량이 70% 이상인 다크초콜릿 한

조각(약 42g)을 즐겨도 좋다. 다크초콜릿은 항염증 성질뿐 아니라 식물에 함유된 영양소인 폴리페놀이 들어 있어 신체가 더 많은 산화 질소를 형성하도록 돕는다. 산화 질소는 혈관을 넓히고 혈류를 강화하며 고혈압을 낮추는 복합물이다.

연구 결과에 따르면 카카오 함량이 70% 이상인 다크초콜릿을 섭취하면 사람의 스트레스 수치, 기분, 기억에 긍정적인 효과가 나타난다. 그야말로 달콤한 소식이다.

이렇게 하는데도 도무지 기분을 종잡을 수 없다면 카페인 섭취와 음주량을 조절해 과도한 흥분이나 무심코 찾아드는 우울감을 피하는 것이 현명하다. 혈당, 즉 기분을 비교적 안정적으로 유지하려면 3~5시간마다 식사와 건강한 간식을 계획해서 먹어야 한다.

매 끼니와 간식에는 단백질을 꼭 포함하자. 단백질은 탄수화물이나 지방보다 소화하는 데 오랜 시간이 걸리므로 혈당이 더 천천히 일정한 속도로 올라가 기분과 에너지 수준도 더 꾸준하게 유지된다.

결국 살아 있는 활성 배양물, 발효 식품, 풍부한 섬유질, 항염증 식품 등 장내 세균을 잘 먹이는 동시에 포화지방, 첨가당, 가공 처리가 심한 식품의 섭취량을 제한하면 장내 세균의 다양성을 지킬 수 있고 덕분에 몸과 마음 구석구석의 염증을 가라앉힐 수 있다.

윌리엄메리 대학교에서 실시한 연구에서는 기저 불안이 있던 사람 중 발효 식품을 더 많이 섭취한 사람이 다른 이들에 비해 사회적 불안에 덜 취약하다는 사실이 밝혀졌다. 다른 연구에서도 요구르트나 발효 우유를 매일 섭취하면 스트레스에 대한 반응을 줄일 수 있다는 사실이 드러났다. 참고로 두 식품 모두 비유제품으로 섭취할 수 있다.

하루 동안 물과 카페인 없는 음료를 충분히 마시는 것도 잊지 말자. 카페인은 이뇨 효과가 있다. 아무리 경미하더라도 탈수는 기분과 정신 기능에 영향을 미칠 수 있다.

한 연구에서 건강한 젊은 여성이 체지방률을 1.4% 줄이라는 주문을 받고 운동하다가 경미한 탈수가 일어나자 기분이 급격히 저조해지는 결과가 나타났다. 구체적으로 긴장과 불안, 우울과 낙담, 분노와 적개심이 높아졌고 집중력이 감소했으며 피로감과 무력감이 상당히 높아졌다. 건강한 남성이 운동하는 동안 체중이 1% 감소할 정도로 운동을 하다가 경미한 탈수가 일어났을 때도 비슷한 반응이 나타난다.

여기서 꼭 기억할 점이 있다. 갈증만을 수분 부족의 신호로 생각해서는 안 된다. 갈증을 느끼는 시점에는 이미 체내 수분 양의 1~2%를 잃은 상태다. 게다가 일부 사람은 갈증에 덜 민감해서 심각한 탈수 상태도 전혀 알아차리지 못할 수 있다. 하루 내내 자주 목을 축이길 권한다.

현재 미국국립과학아카데미에서는 여성은 하루에 약 2.5킬로그램, 남성은 약 3.5킬로그램씩 수분이 풍부한 음식과 음료를 섭취하도록 권한다. 너무 벅차다고 느껴지면 이렇게 생각해 보자. 보통 사람은 액체 섭취량의

20%를 수분이 풍부한 식품에서 얻는다.

분명히 말하건대 이 하나의 접근법이 고뇌, 절망, 동요, 현재 경험하고 있을지 모르는 모든 불편한 감정을 즉시 또는 완전히 해결해 주지는 않는다. 그런 치료법은 존재하지 않는다. 하지만 시간이 흐르면서 나타나는 점진적인 효과는 분명 도움이 된다.

이렇게 감정을 효과적으로 해결하는 것은 장기전이다. 오랜 시간에 걸쳐 정서적 염증을 일으키는 내면의 불꽃들을 부드럽게 잠재워야 하는 것이다. 진정한 목표는 몸 안에서 일어나는 생리적 동요를 잠재워 자신만의 정서적 반응을 유발하는 기준 또는 역치를 높이는 것이다.

# 감정도 운동을 한다

산업화 이전 시대와 비교하면 요즘은 생활도 일도 앉아서 할 때가 더 많다. 우리는 점점 더 자동화되는 세상에 살고 있다. 옷, 책, 식료품, 가구, 집에서 쓰는 물품을 모두 온라인으로 주문해서 배송받는다. 드라이클리닝도 직접 받으러 와서 세탁을 마치면 집까지 가져다준다. 은행 일도 집에서 볼 수 있고 급여도 은행 계좌로 자동 이체된다. 동료와 상의할 때도 군이 만날 필요 없이 메일을 보내거나 전화 한 통만 넣으면 된다. 재택근무를 할 수도 있다.

우리 사회는 일상에서 몸을 움직일 기회들을 없애 버린 탓에 대가를 치르고 있다. 본래 인간은 움직이도록 창조됐고 우리 뇌는 움직일 때 보상을 내리도록 만들어졌기 때문이다. 조각상처럼 살아갈 것이었다면 사방으로 움직일 팔다리 없이 그저 받침대 위에 가만히 놓였을 것이다. 규칙적인 운동은 신체 건강뿐 아니라 정신 건강을 위해서도 매우 중요하다. 혈압과 심장 박동을 낮추고 소화를 돕고 혈당을 조절하고 수면의 질을 높이는 등 머리부터 발끝까지 건강의 거의 모든 면을 향상시킨다.

규칙적인 운동의 이점은 눈에 보이지 않지만 유익한 장내 미생물의 수와 다양성을 높여 건강과 안녕감을 증진한다는 것이다. 모든 사람의 체내 미생물은 규칙적인 운동에 제각기 반응하는 가운데 염증을 줄이는 미생물 수가 늘어난다는 이점이 있다. 운동을 멈추면 이런 긍정적인 효과가 사라져 버린다. 미생물의 상태가 운동을 시작하기 전으로 돌아간다는 것이다.

## 올바른 방향으로 기분 유도하기

운동은 심신에 에너지를 불어넣을 뿐 아니라 정서를 관리하고 정신을 예리하게 하는 데도 어마어마한 도움을 준다. 특히 유산소 운동은 뇌유래신경영양인자(brain-derived neurotrophic factor)라는 단백질의 분비를 유도한다. 뇌유래신경영양인자는 코르티솔의 수용체 부위를 차지해 스트레스 호르몬이 그 부위를 활성화시키지 못하게 만든다.

그 결과 갑작스러운 불안에 사로잡히는 대신 뇌에서 오는 영양분을 공급받는다. 다시 말해 운동, 특히 스트레스에 눌려 있는 기간에 하는 운동은 폭우가 쏟아지는 상황에 방수 우비를 입고 있는 것과 같다. 빗물(스트레스)이 우비에 떨어지기는 하지만 표면을 뚫지는 못하기 때문에 불안, 두려움, 절망 같은 감정에 젖어 들지 않는다.

즉 스트레스로 코르티솔 수치가 높아졌을 때 운동을 충분히 하면 그렇게 하지 않는 사람보다 더 빨리 스트레스 호르몬의 효력을 없애게 된다. 또한 유산소 운동은 혈뇌 장벽 전역에서 세로토닌의 전조인 아미노산 트립토판의 수송을 늘려 뇌에서 세로토닌 농도를 높인다.

하버드 대학교 연구 팀은 스트레스성 과제를 수행한 후 감정을 조절하는 데 유산소 운동이 어떤 효과를 미치는지 조사했다. 이 연구에서는 자전거 타기를 했는데 그 결과 규칙적인 운동은 스트레스가 유발하는 장기적인 여파에 정서적 회복 탄력성을 강화한다는 사실이 드러났다.

미시시피 대학교 연구 팀은 건강한 성인들을 조로 나눠 각각 15분간 스트레칭, 걷기, 조깅을 시킨 뒤 부정적인 정서 반응을 유발하는 영상을 보여 줬다. 걷기와 조깅 그룹은 영상에 대한 반응으로 초조함과 분노 수치가 낮게 나타난 반면, 스트레칭 그룹은 분노 점수가 더 높게 나타났다. 다시 말해 스트레칭 그룹은 다른 그룹처럼 유산소 운동이 주는 정서 조절의 힘을 받지 못한 까닭에 부정적인 정서가 일어난 것이다.

이를 직접 경험해 본 적이 있을 것이다. 속 썩이는 문제 때문에 답답한데 잠깐 나가서 활기차게 걷거나 조깅을 하고 돌아오면 그 문제를 잊어버린 것은 아니지만 더는 이전처럼 그 문제에 꽉 묶인 기분은 들지 않는다. 규칙적인 신체 활동은 스트레스성 사건을 반추하고 싶은 충동도 줄여 준다. 그 결과 점화 효과를 경험할 확률도 떨어진다. 점화 효과가 일어나면 하나의 스트레스 요인에 대한 반응이 뒤따르는 스트레스 요인에 대한 반응에 영향을 주거나 이를 증폭시킨다.

운동은 남녀 모두의 우울과 불안을 줄여 준다. 몇몇 경우에서 규칙적인 유산소 운동은 주요 우울증을 치료할 때 항우울제와 동일한 효과를 보이며, 우울 증상의 재발 위험을 낮추는 데 더 효과적일 때도 있다. 신경 전달 물질은 다양하고 사람들도 가지각색이지만 결과를 보면 운동이 감정 관리와 회복에 좋은 요법이라는 사실은 논쟁의 여지가 없다. 점점 더 많은 정신 건강 전문가들이 운동을 처방하는 것도 이런 이유에서다.

'어떤 운동이 정서적 염증을 완화하는 데 가장 효과적일까?'

여기서 아주 중요한 질문이 등장한다. 정답은 자신에게 달려 있다. 각자가 경험하는 정서적 염증의 유형, 각자의 뇌가 작동하고 몸이 설계된 방식, 평소에 더 끌리는 활동 유형도 반드시 고려할 사항이다. 그렇더라도 누구에게나 좋은 몇 가지 보편적인 운동은 있다.

들뜨거나 초조하거나 과한 자극을 받은 상태라면 자연 속에서 오랫동안 걷거나 리듬감 있고 부드럽게 수영하면서 몸을 스쳐가는 물살의 평온한 감각을 느끼거나 차분한 요가 수업이 좋다. 이런 활동은 신체적, 정서적으로 자신을 가라앉혀 중심을 되찾고 안정된 기분을 느끼는 데 특효약이다.

한편 좌절, 짜증, 분노를 느낄 때 이 감정들을 뿜어내야 할 것 같은 기분이라면 조깅, 스피닝, 킥복싱처럼 기운을 북돋는 심장 강화 운동이 좋다. 우울하거나 고립된 듯한 기분을 느껴 왔다면 댄스, 팀 스포츠, 달리기나 자전거 타기 모임같이 밖에 나가 다른 사람들과 어울리는 활동을 추천한다. 이런 활동은 기분을 새롭게 해 사람들과 다시 소통하게 하고 긴장을 해소하고 자신을 좀 잊어버리고 문제를 다른 각도에서 바라보는 데 유익하다. 자신의 선호도와 감정적으로 무엇을 요구하든지 간에 심신에 긍정적 효과를 가져다줄 신체 활동은 분명히 있다.

# 한 발 빨리 스트레스를 낚아채라

 

어떤 스트레스 요인은 속수무책으로 다가와 마음의 평화를 앗아 가지만 좋은 영향을 주는 긍정적인 스트레스도 있다. 이를 '유스트레스(eustress)'라고 부른다. 이 '좋은' 스트레스 요인, 예를 들어 직장에서 승진을 하거나 경기에서 뛰어난 운동 실력을 발휘한 경우 등에는 의욕을 북돋우고 성과를 높이며 성장을 돕는다. 따라서 스트레스를 모조리 없애 버리겠다는 목표를 품어서는 안 된다. 고통(distress)을 일으키는 부정적인 스트레스를 잘 관리해 이로 인한 불안, 짜증, 은둔 또는 허둥지둥하는 행동을 피하고 건강도 지키겠다는 마음을 가져야 한다.

시간이 지나면서 만성화된 부정적 스트레스는 소화 장애와 생식 장애부터 심장 질환까지 다양한 질병을 일으키거나 심화하고 정서적 건강을 심하게 손상시키는 주범이 될 수 있다. 스트레스 과부하는 장 마이크로바이옴까지 해친다. 몸 전체에서 높은 코르티솔 수치가 유지되면 장속의 세균 균형이 깨져 염증을 일으킨다. 설상가상으로 장속의 세균 균형이 깨지면 이에 따른 악순환으로 더 많은 스트레스, 불안, 우울을 경험할 수 있다.

## 감정의 주도권을 잡는 방법

스트레스에 부딪힐 때 자신에게 건강한 방법을 찾아 주도권을 잡아야 한다. 앞서 본 것처럼 건강한 항염증성 식품을 섭취하고 규칙적으로 운동을 하면 장 마이크로바이옴을 포함해 생리적 평형 상태를 유지할 수 있다. 이로써 스트레스에 대한 반응을 조절하는 데 도움을 얻을 수 있지만 이것만으로는 부족하다. 강력한 대처기술을 기르는 것도 꼭 해야 할 일이다.

문제 해결에 필요한 기술과 도구를 갖춰 인생의 난제를 더 효율적이고 유연하게 감당할 줄 알아야 한다. 여기에는 분명하고 효과적인 의사소통 방식, 시간 관리 기술, 남에게 맡길 때를 아는 지혜, 불필요하게 언짢은 사람과 상황에 건강한 경계를 유지하는 능력이 포함된다. 건강한 마음 회복 기술을 실천한다면 몇몇 스트레스를 완화하는 데도 유익하고 최소한 이런 효과가 증폭하는 것을 피할 수 있다.

• 5-6-7 호흡법

모두에게 권하고 싶은 간단한 실천은 심호흡이다. 심호흡은 이완을 유도하는 부교감 신경계를 활성화한다. 호흡은 자동적인 신체 기능이다 보니 이를 깊게 생각하는 사람은 별로 없다. 사실 호흡 방식은 감정을 느끼고 기능을 발휘하는 데 지대한 영향을 미친다.

예를 들어 유난히 불안을 잘 느끼는 사람은 호흡 패턴이 대개 더 얕고 빠르다. 이런 호흡을 하면 심박수가 높아지고 혈중 이산화탄소 수치도 증가한다. 불안, 피로, 우울, 산만함, 전반적인 불안감을 키우는 요인이다.

이완이나 활력 증진같이 다양한 목적에 따라 여러 호흡법이 권장돼 왔다. 스트레스를 낮춰 차분한 상태를 되찾을 쉽고 빠른 호흡법은 '5-6-7 방법'이다. 이 방법은 입을 다문 상태에서 5초간 천천히 코로 숨을 들이마시고 6초간 숨을 참았다가 7초간 '쉬' 소리를 내며 아까보다 더 천천히 숨을 내쉬는 것이다.

이렇게 숨을 내쉴 때 즉각적인 안도감이 들면서 어깨의 긴장이 풀리고 혈압도 내려간다. 이 방법을 총 5~10번 반복해 보라. 절박하게 기분을 안정해야 할 때가 아니라도 하루에 2~4번씩 이 호흡을 연습한다면 온종일 스트레스 반응을 낮출 것이다.

· 숙면하는 법

충분히 숙면하고 일관된 수면과 각성 패턴을 유지하는 것도 정서적 반응을 낮추는 데 중요하다. 수면 부족이나 불면증을 겪는 사람은 정서적 반응이 커지기 쉽다. 특히 정서적 반응을 일으키는 장면이나 상황에 부딪혔을 때 아미그달라 활동이 늘어난다. 또한 '꿈꾸는 단계'로 알려진 렘수면도 정서 처리에 중요하다. 이런 이유에서 깊은 잠을 충분히 누리지 못하면 평소보다 정서적으로 훨씬 더 민감해진다.

숙면을 돕기 위해 낮 동안 유산소 운동을 약간 하고 취침 시간과 너무 가까운 시간에 격렬한 활동은 오히려 들뜬 상태를 만들 수 있으니 피하자. 또한 저녁에는 텔레비전을 비롯한 전자 기기에서 나오는 밝은 빛을 피해야 한다. 조명의 세기를 낮춘 후 낮 동안 받은 스트레스를 풀고 느긋한 상태로 들어가는 데 유익한 활동을 해 보자. 이를테면 너무 자극적이지 않은 책 읽기, 차분한 음악 듣기, 따뜻한 물에 샤워하기, 마음을 가라앉히는 향을 곁에 두기다.

에센셜 오일은 고대부터 특히 중국과 이집트 문화에서 건강과 안녕감을 증진하는 데 사용돼 왔다. 더 최근에 진행된 연구에서는 라벤더 오일의 향을 들이마시는 아로마 테라피의 힘을 이용하면 건강한 사람뿐 아니라 다양한 질환자들도 불안을 낮추고 수면 질을 개선할 수 있다는 사실이 밝혀졌다.

이와 마찬가지로 베티베르 오일 향이나 바닐라 향을 들이마시면 수면에 유익한 효과가 나타난다는 것이 입증됐다. 이 모든 향은 뇌파를 바꿔 서파(델타 파)가 나오는 숙면의 양을 높이는 최면 마법을 일으킨다.

침실은 조용하고 어둡고 편안한 분위기로 조성하고 편안한 온도를 유지하자. 미국수면재단에 따르면 15.5~19.5℃가 이상적이다. 원치 않게 불빛이 침실로 새어 들어온다면 암막이나 커튼 설치를 고려해 보라. 외부 소음 때문에 잠자는 데 방해가 된다면 백색 소음을 내는 기계나 바람 소리, 파도 소리 등 편안한 자연의 소리를 들려주는 앱을 이용해 보라.

불안이나 스트레스 때문에 잠에 들거나 잠자는 상태를 유지하기 어렵다면 무게감 있는 담요를 덮는 것도 방법이다. 이렇게 하면 더 안정되고 누군가 받쳐주는 듯한 안전한 느낌이 들어 숙면에 도움이 된다. 갓난아기를 요람에 눕혀 재우기 전에 포대기에 감싸는 것과 비슷한 원리다.

무게감 있는 담요는 따뜻한 포옹을 받는 느낌이 들어 옥시토신 분배를 촉진한다. 이는 앞서 봤듯이 차분하고 이완된 기분을 느끼게 한다. 이런 담요를 찾고 싶다면 자기 체중의 약 10%에 해당하는 무게로 자신의 체격에 적합하고 자기가 느끼기에 좋은 촉감이 드는 것을 고르면 된다. 또한 몸 전체가 탄탄하고 일관된 촉각 자극을 받도록 담요 전체에 무게가 고루 배분되도록 해야 한다.

식단, 운동, 수면, 스트레스 관리 등 어떤 방법을 사용하든지 자신의 몸을 올바로 관리하고 알맞은 음식을 섭취한다면 자신의 감정을 느낄 때, 역할을 수행할 때 긍정적인 효과가 나타난다. 올바른 식습관, 규칙적인 신체 운동, 숙면, 스트레스 완화 전략은 안에서 타오르는 신체적, 정서적 불꽃을 잠재우는 데 도움이 된다. 물론 이 방법을 꾸준히 실천해야 한다.

내 몸의 요구 사항을 더 잘 충족하도록 생활 습관을 세밀하게 조정하려면 어느 정도 시간과 노력이 들 수 있다. 이에 따른 치료적 효과가 나타나기까지도 물론 시간이 걸릴 것이다. 하지만 충분히 기다릴 만한 가치가 있다. 이런 건강한 전략은 기본적으로 체내 스트레스의 바로미터를 재설정할 뿐 아니라 몸, 마음, 정신에도 다양한 유익을 선사한다. 무궁무진한 이점을 누릴 수 있다.

# 6장

# 자연이 준
# 선물 되찾기

"단 한 번의 자연의 어루만짐으로 온 세상이 한 혈통이 된다."
-윌리엄 셰익스피어,《트로일러스와 크레시다(Troilus and Cressida)》3막 3장

# 왜 자연으로 가야 하나?

마지막으로 느긋하게 숲속을 걷거나, 공원을 어슬렁거리거나, 평온한 해변을 한가로이 걸었던 때가 언제였는지 생각해 보자. 분명 그 순간만큼은 자연이 주는 놀라운 회복의 효과를 온몸으로 흡수하며 자신에게 특권을 선사한 듯한 기분이 들었을 것이다. 어제 회사에서 끝내지 못한 수많은 일, 말대꾸하던 자녀, 정치 상황, 난민 위기, 자주 불거지는 성 문제 같은 자극적인 문제들을 놓고 걱정하지는 않았을 테다.

아마 눈앞에 펼쳐진 다채로운 색, 지저귀는 새 소리, 피부를 스치는 산들바람의 감촉에 젖어 들어 한 발 한 발 옮기면서 마음도 덩달아 방랑하도록 됐으리라. 산책에 나설 때의 마음에는 세상의 잘못된 일들이 있었을지 몰라도 경외감을 자아내는 주변 자연과 교감하기 시작하면서는 그런 생각이 사라졌을 것이다. 그 시간 내내 휴대폰을 들여다보지 않았다는 가정하에 그렇게 밖에서 시간을 보내고 돌아오면 얻는 것은 새로운 긍정감과 활력이다. 이런 경험은 걱정으로 가득한 자기만의 세상에서 빠져나와 나보다 큰 존재의 일부가 된 듯한 경외감을 들게 했을 가능성이 크다.

## 하루 종일 실내에 있는 우리에게 필요한 것

이렇게 자연과의 소통을 녹색 갈증(biophilia)이라는 용어로 표현하기도 한다. 자연 환경을 좋아하는 인간의 유전적 소질로써 살아 있는 것에 대한 사랑(bio의 뜻은 '생명', philia의 뜻은 '사랑') 또는 자연과 관계됨을 뜻한다. 이는 심오한 일이 아니다.

이 용어의 창시자는 사회 심리학자 에리히 프롬(Erich Fromm)이지만 이 용어를 널리 알린 것은 생물학자 에드워드 O. 윌슨(Edward O. Wilson)이다. 그는 저서 《바이오필리아(Biophilia)》에서 "자연에 대한 인간의 애정은 타고난 것"이라는 가설을 제시했다. 요즘에는 자연에서 보내는 시간이 지니는 회복의 힘을 알려 주는 흥미진진하고 통찰력 있는 연구가 많이 늘어나고 있다.

이 힘은 우울, 주의력 결핍 장애, 외상 후 스트레스 장애까지 줄인다. 자연과 살짝만 맞닿아도 마음이 차분해지고 기운이 솟고 스트레스 수치가 떨어지고 창의력이 높아진다. 또한 혈압이 낮아지고 면역 기능도 향상된다. 이뿐만 아니라 활력과 에너지, 나아가 관대함과 이타심도 높아져 더 배려심 있는 사람이 된다.

하지만 많은 사람이 자연과 멀리하며 산다. 그러다 보니 우리를 둘러싼 생태계의 아름다움을 바라보며 괴로움을 해소할 기회는 사라져 간다. 우리는 집, 통근길, 회사에서 그날그날 해야 할 일에 파묻혀 사실상 '실내 사회'에 살게 됐다.

이렇듯 지금은 사방이 막힌 공간에서 기술에 의존한 채 감각이 무뎌졌다. 우리는 인공조명 아래 살아가면서 우리가 진화해 온 자연의 냄새, 소리, 풍경과 분리돼 버렸다. 최근 미국의 성인과 아동 1만 2,000명을 설문조사한 결과, 조사자 전체의 56%는 자연에서 보내는 시간이 '일주일에 5시간 이하'라고 응답했다.

차이가 있겠지만 대다수 사람은 자연 결핍 장애를 경험한다. 《자연에서 멀어진 아이들(Last Child in the Woods)》의 저자 리처드 루브(Richard Louv)는 이 용어로 인간이 자연에서 멀어진 대가, 그중에서도 감각 사용 감소, 주의 집중 곤란, 신체 질환과 정신 질환 비율 증가를 설명했다.

우리는 자연 결핍 장애에 걸려 신선한 공기, 태양의 눈부신 힘, 식물의 무한한 아름다움과 복잡성, 자연 서식지에 사는 동물들의 흥미로움, 건강한 생태계가 발산하는 소리와 냄새를 느낄 기회를 놓치고 있다.

심지어 많은 사람은 이런 결핍이 있다는 것조차 인식하지 못한다. 플로렌스 윌리엄스(Florence Williams)는 저서 《자연이 마음을 살린다(The Nature

Fix)》에 이렇게 적었다.

"우리는 자연 환경을 충분히 경험하지 못하는 까닭에 자연이 우리 마음을 얼마나 회복시키는지 깨닫지 못한다. 많은 연구가 자연이 우리를 더 건강하고 더 창의적이고 더 이해심 많은 사람이 되게 하며 세상과 사람과의 소통을 더 원활하게 만든다고 지적하는데 우리는 이를 인식하지 못한다."

## 잔잔한 매혹이 주는 회복감

시냇물이 콸콸 흘러가는 소리와 나무에 부대끼는 바람 소리를 듣는 것, 동물의 행동을 관찰하고 광활하게 펼쳐진 나무와 식물을 보는 것 등 우리는 자연과 가까이 하면 생리적, 심리적으로 차분해지는 효과를 본다는 정보를 많이 접한다. 이는 단순히 틀에 박힌 실내 생활을 하다가 잠시 변화가 생겨 나타나는 효과가 아니다. 우리 뇌가 자연에 반응하기 때문이다.

아이들은 인위적인 아스팔트, 놀이터, 농구장보다 녹지 공간이나 풀밭 같은 자연 환경에서 자유롭게 시간을 보낼 때 집중력과 주의력이 더 높아진다. 어느 곳에서든 친구들과 어울려 놀며 즐거운 시간을 보낼 수는 있지만 나타나는 효과는 다르다.

자연 환경은 더 큰 회복감을 준다. 녹지 공간에 머물 때 얻는 유익은 고대로부터 거론돼 왔다. 이것의 이유를 설명하는 연구도 점점 늘고 있다.

그중 미시간 대학교의 심리학과 교수인 레이첼 카플란(Rachel Kaplan)

과 스티븐 카플란(Stephen Kaplan) 박사가 개발한 주의 회복 이론(attention restoration theory)이 있다. 이 이론에 따르면 사람은 자연에서 시간을 보낸 뒤에 더 효과적으로 집중력과 주의력을 발휘할 수 있다. 자연은 흥미롭다. 산들바람에 살랑거리는 나뭇잎, 바위를 타고 유유히 흘러가는 시냇물 등 자연의 자극은 우리의 상상력을 깨운다.

따라서 자연과 상호 작용하면 대단히 집중하거나 노력하지 않아도 주의력이 높아진다. 이는 우리가 일상에서 특정 정보에 일부러 주의를 기울이거나 의식적으로 집중하려는 노력과 이때 수반되는 피로에서 잠시 벗어나게 해 준다. 우리 마음이 잠시 쉬고 충전할 기회를 준다는 것이다.

이와 반대로 도시 환경에서 시간을 보내면 고막을 울리는 경적, 사이렌, 배경 소음과 질서 없이 오가는 군중, 혼란스러운 교통 상황에서 강렬하고 충격적인 자극에 노출된다. 도시 환경은 온갖 것이 제멋대로 날뛰는 정글과 같다. 질서와 예측 가능성이 떨어지기 때문에 넘쳐나는 불확실성과 과도한 자극에 대처하려면 주의를 기울여야만 한다. 도시 환경은 재미는 있을지 몰라도 회복감과는 거리가 멀다.

주의 회복 이론의 핵심 개념은 매혹적인 자극에 잔잔하거나 평온한 주의를 기울이는 것인데 연구자들은 이를 가리켜 '잔잔한 매혹(soft fascination)'이라고 한다. 이는 거의 노력하지 않고도 숙고를 위한 정신적 공간을 남겨두는 상태를 가리킨다.

이것이 중요한 이유는 정신적 피로가 기분 변화와 심리적 고통을 유발할 수 있기 때문이다. 1995년에 스티븐 카플란이 말한 것처럼 신경과민은 유도된 주의를 기울이지 못하는 사람의 대표적인 특징이다. 주기적으로 짜증이 나거나 뇌가 녹초가 된 듯한 느낌은 정서적 염증을 드러내는 확실한 지표다.

# 땅과 물이 주는 힘을 흡수하라

자연에서 시간을 보내면 초조했던 몸, 마음, 영혼이 편안해지는 이유와 그 과정을 좀 더 자세히 들여다보자. 원시적인 수준에서 녹색 환경은 생물 다양성이 존재하고 물과 나뭇잎이든 막대기든 피난처를 만들 자원이 충분하다는 것을 암시해 사람에게 안전감을 준다. 햇볕을 쬐는 것은 비타민, 호르몬, 신경 전달 물질 합성을 포함해 수많은 신체 기능에 유익한 데다 잠에서 깨고 원기를 충전하고 생체 시계를 제대로 움직여 좋은 기분을 유지하는 데 필수다.

해양이 지닌 회복의 힘도 있다. 물은 풍부한 감각 경험을 제공함으로써 차분함, 유쾌함, 즐거움을 자아내는 놀라운 능력을 지녔다. 자연스럽게 형성된 수역을 바라보면 황홀함을 느끼게 된다. 단조로운 광경이 편안함을 안겨 주기 때문이다. 막힌 데 없이 넓게 펼쳐진 바다를 바라보면 실제로 뇌파가 변하는데, 뇌전도(electroencephalogram)로 그 패턴을 확인할 수 있다. 이런 경험을 할 때 뇌파는 느리고 안정된 패턴을 이룬다.

임상 심리학자이자 팟캐스트 〈The Daily Helping〉의 진행자인 리처드 슈스터(Richard Shuster)는 풍경을 볼 때의 뇌파 패턴이 명상할 때의 뇌파와 유사하다고 설명한다.

게다가 바다에 일렁이는 파도가 지닌 예측 가능한 리듬감과 잔잔한 소리는 무척 매혹적이다. 어른거리는 수면을 바라보고 있으면 뇌의 보상 중추가 활성화된다. 파도 소리를 듣고 있으면 아미그달라가 잠잠해지며 평화로운 기분이 들게 하는 오피오이드 수용체에 작용이 일어난다.

진화나 퇴화의 관점에서 볼 때 자연의 물지역이 갖는 매력은 충분하다. 우리의 조상인 양서류의 고향은 바다다. 그래서 바다에 깊은 매력을 느끼는 인간의 경향에는 한때 우리의 먼 선조가 살아남는 데 바다가 필수였다는 사실도 한몫을 하는지 모른다. 심지어 우리 몸은 거의 소금과 물로 이뤄져 있다. 신생아의 몸은 약 78%가 수분이며 성인의 몸도 60%가 수분이다. 자연히 공생의 의미에서 바다에 끌리기 마련이다.

## 보이지 않지만 사람을 이롭게 하는 것들

다양한 자연 환경과 맞닿으면 시각, 청각, 후각, 촉각을 자극하고 미각도 자극한다는 데는 의심의 여지가 없다. 2017년 타이완 연구 팀이 성인 128명을 대상으로 연구한 결과, 두 시간 동안 산림욕을 한 참여자들은 맥박과 혈압 등 자율 신경계 활동이 감소하고 감정 상태가 상당히 개선됐다. 산림욕할 때는 경치 보기, 새 소리와 개울물 소리 듣기, 식물 내음 맡기, 나뭇잎과 나무 표면 만져 보기 등 시각, 청각, 후각, 촉각을 골고루 자극했다.

구체적으로 긴장과 불안, 분노와 적개심, 피로와 나태함 점수가 대폭 낮아졌고 활력 점수는 훨씬 높아졌다. 참고로 과학 문헌에서 활력(vigor)이란 에너지, 열의, 활기가 있는 동시에 피로, 권태, 기진맥진이 없는 상태를 말한다.

사람은 여러 감각을 지닌 생물체로 이런 감각에 의존해 안전과 생존을 지키도록 진화했다. 그래서 자연에서 시간을 보내면 우리의 인식을 벗어나는 방식으로 감각이 활동할 수 있다.

호주 연구자들이 〈국제 환경 연구 및 공중보건 저널〉 2017년 호에 게재했듯이 피톤치드, 음이온, 미생물 등을 섭취하거나 흡입하는 것 등 자연을 경험하는 다른 경로가 사람에게 이롭다는 증거가 속속 나오고 있다. 이런 감각적, 비감각적 경로는 순차적으로 또는 병렬적으로 작용하는지 또는 서로 상승 작용을 일으키는지 아니면 각각 효과를 일으키는지와 관계없이 사람의 신체적, 심리적 안녕에 엄청난 효과를 나타낸다.

피톤치드는 향을 내는 공기 중의 항균성 입자다. 식물과 나무가 세균,

곤충 같은 유해물로부터 자신을 보호하기 위해 내뿜는 물질이다. 사람이 몇 시간만이라도 피톤치드에 노출되면 스트레스가 완화되고 이완감이 깊어지며 면역 기능이 향상된다. 많은 사람이 돈을 들여 식물 에센셜 오일을 구해 건강한 향을 들이마신다. 이런 아로마의 유익은 식물의 본래 서식지인 자연에 가면 즉시 무료로 얻을 수 있다.

자연을 되살리는 토종 식물과 피톤치드를 뿜어내는 식물은 지역 생태계에만 이로운 것이 아니다. 사람의 건강과 안녕에 체계적이고 자연적인 유익을 제공함으로써 낙후한 동네, 빈곤, 빈약한 의료 접근성같이 건강을 해치는 사회적 요인의 여파도 어느 정도 상쇄할 수 있다.


음이온은 숲, 폭포, 해변 등의 자연에 가득 존재하는 하전 입자(charged particle, 전하를 띄고 있는 입자-옮긴이)다. 음이온 수치가 가장 높은 곳은 산이며 시골과 해안 지역이 그 뒤를 잇는다. 도시 환경은 음이온 수치가 가장 낮다. 음이온을 쐬면 우울과 불안이 감소하고 기분이 개선될 수 있다.

이것이 종종 사람들이 해안가에 가면 기분도 나아지고 잠도 잘 잔다고 말하는 하나의 이유다. 스트레스성 과제를 수행할 때도 음이온에 노출되면 면역계 반응뿐 아니라 불안, 부정적 기분, 긴장이 낮아진다는 것이 입증됐다.

자연의 흙, 물, 공기 중의 포자에 함유된 세균 등 미생물에 반복적으로 노출되면 염증이 감소하고 스트레스에 대한 회복 탄력성이 높아지며 건강에 유익한 장내 세균이 다양한 구성을 유지하는 데 유익하다. 특히 자연

상태의 흙과 물속에 존재하는 미코박테리움 바카이라는 세균은 세로토닌 수치를 높이며 기억과 각성에 긍정적인 효과를 준다. 사람과 비슷한 신경 회로를 가진 동물인 쥐에 이 실험을 했을 때 효과를 확인했다. 그렇다고 이런 유익한 균을 얻으려고 흙을 먹을 필요는 없으니 안심하라. 이 균들은 바깥 공기에 미세한 형태로 존재한다.

# 자연과 가까이 하는 사람들의 특징

45세의 피터는 미국과 호주에서 주로 시간을 보내며 세계 각국을 오가는 셰프다. 피터는 도시의 소음과 숨 가쁘게 돌아가는 분위기에 짓눌릴 때면 야생의 자연으로 떠나 신선한 공기를 마시며 고요하게 시간을 보낸다. 그는 농장에서 자랐기에 다른 사람의 방해가 전혀 없는 숲속에 있을 때면 자신의 뿌리를 되새기고 자기에게 무엇이 중요한가를 생각하곤 한다.

피터는 이런 짧은 여행이 중년의 위안이라면서 말했다.

"빡빡한 일정을 소화하다 보면 마음챙김이나 고요함을 실천할 시간이 별로 없어요. 자연에서 시간을 보내는 것이야말로 저의 정신 건강을 단단히 지켜 주는 비결이죠."

피터는 자연이 주는 감각의 간식을 즐기면서 자신을 돌아보는 시간을 가졌다. 야외에서 불을 피워 요리도 하면서 시간을 보내고 나면 재충전한 듯한 기분을 느꼈다. 피터는 덧붙였다.

"야생에 홀로 있다 보면 저만의 목적과 진정한 저 자신을 돌아보게 돼요. 그럼 이 땅 위에서 제가 머물고 있는 곳에 대한 이해가 더 깊어지죠."

자연에서 시간을 보낸다고 해서 꼭 야생을 경험해야만 유익을 얻는 것은 아니다. 공원, 정원, 숲 같은 우리 인근의 자연도 효과가 있다.
다수의 연구에 따르면 가까운 자연에만 가도 빈약한 사회적 유대가 보상되어 스트레스 수치가 감소하고 전반적인 불안과 심리적 고통이 줄어들며 안녕감도 향상된다. 잠깐씩만 자연을 찾아도 차이가 나타나며 긍정적인 태도를 기르는 데 유익하다. 영국에서 7,272명의 주민을 대상으로 벌인 설문 조사 결과는 이렇게 나왔다.

"주기적으로 자연을 찾은 사람은 삶이 더 가치 있다고 느꼈고 바로 어제 자연을 찾아갔던 사람은 더 행복해했다."

어디에서 어떻게 사느냐에 따라 자연은 사람이 이해하지 못하는 방식으로 다양한 힘을 발휘해 우리의 생리적, 심리적 평형 상태를 바로잡아 준다. 자연에서의 감각 경험을 찾는 이들의 관심이 높아져 소금 동굴 또는 부양 요법(flotation therapy) 스파 같은 사업도 생겨났다.

히말라야 소금 동굴을 옮겨 놓은 듯한 디자인으로 도시와 교외에 조성한 아늑한 동굴에는 수 톤의 크리스털 소금 조각과 안락의자들이 비치돼 있다. 정해진 시간이 되면 기계가 건조한 소금을 갈아 그 미세한 입자를 음이온과 함께 공기 중에 분사한다. 사람들은 이를 들이마시며 온 몸으로 음이온을 흡수한다.

부양 요법은 따뜻한 물과 약 450킬로그램의 엡섬 솔트가 채워진 25센티미터 높이의 탱크에 들어가 어둡고 조용한 분위기 속에서 둥둥 떠 있는 것이다.

앞서 만난 워싱턴에 거주하는 변호사 스티븐은 최근 몇 년간 거주지 근처에 있는 소금 동굴에 주기적으로 찾아갔다. 스티븐은 이렇게 설명했다.

"강제로 타임아웃을 가지려고 가는 거예요. 한 번 다녀오면 콧속이 시원해져서 숨통이 더 트이는 것 같고 제 안의 평형 상태가 바로잡힌 것처럼 새롭고 편안한 기분이 들어요."

# 하늘이 주는 초월감 만끽하기

자연에 머무르는 것은 지금 이 순간 집중하는 데 유익하다. 일상의 잡다한 소음에서 벗어나 자신보다 큰 존재의 일부라는 느낌을 받을 수 있기 때문이다. 수천 년간 사람들이 그렇게 해 왔듯이 밤하늘을 올려다보는 것도 정서적인 치료 효과를 볼 수 있다.

녹트카엘라도르(noctcaelador)라는 단어를 들어 본 적 있는가? 밤하늘에 큰 관심을 두고 심리적으로 애착을 느끼는 것을 의미한다. 녹트카엘라도르 성향인 사람은 밤하늘의 빛나는 달, 반짝이는 별, 환한 행성들을 보면서 황홀경에 빠질 때 심리적으로 깊은 몰입, 흐름(flow)과 비슷한 상태에 들어간다.

연구에 따르면 밤하늘을 보는 것은 긴장을 완화하고 진정감을 주며 기분을 개선할 수 있다. 또 문제를 합리적으로 해결하는 능력과 새로운 경험에 대한 개방적인 태도를 키울 수 있다. 이는 밤에 산책을 가거나 안뜰이나 베란다에 서서 깜깜한 하늘을 올려다보는 것만으로도 가능하다.

이런 효과가 나타나는 한 가지 이유는 많은 사람이 달을 바라보거나 숲속을 걷거나 해변에서 파도가 부딪치는 소리를 들을 때처럼 자연과 함께할 때 경이감을 느끼기 때문이다. 경건한 태도로 상대를 존중하고 놀라워하는 이 감정은 장엄하고 강력한 것 또는 우리의 이해를 뛰어넘는 대상 앞에 있을 때 느낀다.

## 경이감을 느낀 사람들의 태도

경이감은 거의 영적으로 느껴진다. 예를 들어 그랜드 캐니언의 장관 또는 절벽 꼭대기에서 바라본 바다 등 거대하거나 신비롭거나 아름다운 대상이 선사하는 감동에 푹 빠져 봤는가? 그 순간만큼은 자신을 잊어버리고 살짝이나마 나보다 더 큰 존재와 연결돼 숭고한 느낌에 이끌린다.

자연 경관을 보는 사람은 우리가 더 큰 우주의 일부라는 사실을 다시 한번 깨닫는다. 네덜란드 연구진이 한 연구에서 사람들에게 경이감을 일으키는 자연 경관과 웅장한 산악 지대 또는 폭풍, 무지개, 노을이 나타난 순간을 포착한 극적인 경치 등 여러 현상을 담은 슬라이드 쇼를 보여 줬다. 이들은 풀, 나뭇잎, 나무 같은 일상적인 요소가 담긴 중립적인 자연 경관을 본 사람에 비해 기분이 상승했고 겸허해지는 태도같이 심오한 정서적 효과가 나타났으며, 사회적으로 더 긍정적인 태도를 보였다.

캘리포니아 대학교에서 진행한 다른 연구에서는 자연에서 경험하는 경이감이 퇴역 군인과 취약 지역에 거주하는 아동들의 안정에 어떤 여파를 보이는지 조사했다. 참여자들이 급류 래프팅을 다녀오고 일주일 뒤에 확인해 보니 안녕감이 높아지고 스트레스 관련 증상도 호전됐다. 다른 어떤 긍정적인 정서보다도 참여자들이 느낀 경외감이 이 결과를 설명하는 이유였다.

심지어 이런 초월감은 뇌 활동에 변화를 일으켜 우리 자신에게서 자유롭게 한다. 수많은 연구가 경이를 유도하는 경험과 겸손, 연민, 감사, 낙관의 감정 사이의 상관관계를 보여 준다.

2019년 네덜란드의 연구 팀은 기능적 자기 공명 영상 기법을 활용해 경이감과 관련된 뇌의 네트워크에 관한 통찰을 얻었다. 참여자들은 경이감을 일으키는 영상을 보는 동안 눈앞의 광경에 최대한 빠져들기 위해 노력하거나 영상에서 전망이 바뀌는 횟수를 계산해 보라는 지침을 받았다.

경이감을 일으키는 영상을 본 사람들의 뇌를 확인한 결과 디폴트 모드 네트워크의 활동이 감소하고 전두두정골 네트워크의 활동은 증가했다. 연구 팀은 이 결과가 "경이를 일으키는 자극은 주의를 사로잡아 몰입을 일으키고 관심을 집중시키는 특성이 있어 자기를 되돌아보는 생각을 줄이는 데 기여한다고 보인다"라고 설명했다.

자연에서 시간을 보내면 즐겁기도 하지만 우리가 미처 깨닫지 못한 유익도 얻는다. 예를 들어 우리는 같은 구조가 여러 규모로 반복되는 패턴을 일컫는 '프랙털(fractal)'의 경이로움에 자기도 모르게 반응한다. 나뭇잎의 그물망 잎맥, 현미경으로 들여다본 눈송이, 사막에 바람이 불어 생긴 모래산, 로마네스코 콜리플라워의 작은 봉오리들이 이룬 질서 정연한 나선 모양을 보면 실제로 기분이 유쾌해진다.

여기에는 이유가 있다. 대다수 사람은 이런 반복 패턴을 인식하지 못한다. 하지만 두 눈은 이를 받아들여 진정 메시지를 뇌로 보내 우리가 질서 있고 예측 가능한 공간에 존재한다는 신호를 전달한다. 이로써 안전감과 평형감이 높아지는 것이다. 놀랍게도 프랙털로 활성화되는 시각 피질은 실제로 신체적 균형 감각을 유지하는 소뇌와 의사소통한다.

한 연구에서 스웨덴 연구 팀은 35명의 참여자에게 프랙털을 각각 1분씩 보여 주면서 뇌전도를 활용해 그들의 뇌 반응을 살펴봤다. 그 결과 자연적인 프랙털 형태에 노출되면 깨 있는데도 이완된 상태를 나타내는 알파파 반응이 유도됐다.

## 도시 사람들이 자연을 쉽게 느끼는 방법

연구자들이 지적했듯이 이런 현상은 주의 회복 이론의 내용과 일치한다. 주의 회복 이론에서 바람직한 회복의 상태는 주의력을 느슨하게 유지함으로써 문제를 숙고할 정신적 공간을 남겨 둔 상태로 간주된다. 수동적인 경험에서만 이렇게 회복하는 것은 아니다. 예를 들어 정원 가꾸기도 스트레스 호르몬인 코르티솔 수치를 낮추고 기분을 상승시킨다는 사실이 입증됐다.

덴마크에서 수행한 연구에서도 스트레스성 정신 건강 질환이 있는 사람이 나무를 자르거나 약초를 캐는 등 정원 일을 하면 더 큰 안전감과 자유로움을 느낀다는 것이 밝혀졌다. 정원에서 만나는 감각적 자극은 이런 효과를 강화하는 동시에 마음에 평화를 가져다주고 심신이 차분해지는 결과도 안겨 줬다. 마당이나 정원이 없다면 공동 텃밭에 참여하는 방법도 있다. 손쉬운 방법으로는 창가에 꽃이나 약초를 심어 가꾸는 것도 좋다.

자연에 존재하는 회복의 요소를 찾아 누리기 위해 어마어마한 시간을 들일 필요도 없다. 중요한 것은 자신의 일정과 상황에 맞춰 할 수 있는 일을 정하는 것이다. 5분만 밖에 나가 푸르른 장소에서 걷거나 스트레칭만 해도 기분과 자존감을 개선하는 효과가 나타난다는 것이 밝혀졌다. 물가에 나갈 수 있다면 더욱 좋다.

창문 없는 사무실에서 온종일 일하는 사람이라면 자리에 앉아 점심을 먹기보다는 밖에 나가서 시간을 보내는 것이 좋다. 공원에 나간다면 더없이 좋을 것이다. 오후 중반쯤에는 잠시 건물 주변을 거닐며 마음과 정신을 새롭게 해 보자. 주말에는 더 멀리 나아가 강, 호수를 따라 산책하거나 숲속을 거닐어 보라.

# 자연을 집과 일터로 초대하기

약간의 창의력과 계획력을 발휘하면 집이나 일터에서도 벽으로 둘러싸인 공간이 아닌 푸르른 바깥에 있는 것처럼 마음을 속일 수 있다. 햇살이 비치는 숲, 웅장한 절벽, 모래 언덕처럼 자연을 담은 인상적인 사진을 집과 사무실에 가져다놓거나 벽을 녹색 페인트로 칠하면 집에서든 직장에서든 자연이 주는 치유의 힘에 집중할 수 있다.

한 연구에서 사람들은 선택권이 주어지자 바다 풍경 사진을 선호했고 이런 그림이 기분을 개선하는 데 더 좋은 효과가 있었다고 평가했다. 자연 경관을 바라보면 스트레스와 신체적 고통을 완화하고 주의력과 인지 기능을 강화하며 여러 심신의 유익을 제공한다는 것을 보여 주는 연구도 많다.

생활하고 일하는 장소와 관계없이 자연을 내 공간으로 가져올 크고 작은 방법들을 안내한다.

## • 자연을 닮은 디자인 요소 활용하기

연구에 따르면 도시 환경보다 자연 환경에 노출됐을 때 스트레스에 더 신속하고 완벽하게 회복된다. 심장 박동, 맥박, 근육 긴장, 피부 전도도를 기준으로 측정한 결과다.

환경 심리학에서 교훈을 얻어 집과 일터 환경을 자연 요소로 꾸며 보자. 자연의 빛과 공기를 끌어들이고 식물과 소형 분수를 갖춰 직접 자연 공간을 만들 수 있다. 또는 직선보다는 곡선 문양, 금속과 플라스틱보다는 나무나 돌 같은 천연 재질의 가구를 선택할 수도 있다. 프랙털을 비롯해 자연적인 물체나 이미지를 활용해 보라.

다음번에 자연으로 산책을 가거든 흥미로운 곡선 모양의 긴 막대나 향기로운 솔방울을 모아 와서 꽃병이나 보울에 담아 탁자 위에 두자. 누군가가 이런 디자인이나 행동에 의문을 갖는다면 자연과 비슷한 요소도 스트레스를 낮추고 창의력과 명료함을 강화하며 안녕감을 높인다는 것이 입증됐다고 말해 주자.

## • 주변을 자연의 소리로 두르기

음향 심리학 분야에서는 우리 마음이 다양한 소리에 어떻게 반응하는가에 대한 놀라운 통찰을 제공한다. 한 예로 흐르는 물소리는 진정 효과가 매우 크며 뇌에서 싸움 혹은 도주 반응을 일으키는 중추인 아미그달라의 활동을 낮춘다. 그러므로 집에서 요리를 하거나 일하는 동안에는 주저 말고 창문을 활짝 열거나 앱을 활용해 지저귀는 새 소리, 흘러가는 시냇물 소리, 바람이나 파도 소리처럼 자연의 소리를 들으며 좋은 효과를 누리길 바란다.

스웨덴에서 수행한 연구에서는 일련의 스트레스성 과제를 완료한 사람들에게 자연의 소리를 들려줬더니 스트레스로부터의 생리적, 심리적 회복이 강화됐다. 다른 여러 유익한 효과 중에서도 자연의 소리는 뇌의 아미그달라를 진정시킨다. 밤에 잠들기가 어렵다면 음향 기기나 앱을 활용하여 파도나 바람 소리를 소리 낮춰 들어 보길 추천한다.


### • 실내에서 화초 기르기

실내용 화초는 다채롭고 입체적인 환경을 만들어 준다. 이뿐 아니라 공기 중에 산소를 내뿜고 이산화탄소를 흡수하여 실내 공기 질을 개선한다. 화초를 기르는 사무 공간에서 일하는 사람은 식물이 없는 곳에서 일하는 사람보다 자신이 더 생산적이라고 느끼며 실제로도 더 높은 생산력을 발휘한다. 참고로 직장에서는 은은한 향기를 내는 작은 녹색 화초가 건강과 안녕에 최고의 효과를 낸다.


### • 감각의 오아시스 만들기

위안과 기운을 주는 자연 사진이 담긴 책을 가까이에 두고 충전이 필요할 때마다 꺼내 보면서 기분과 마음을 전환하자. 책상에 작은 선(禪) 바위 정원을 두면 시각적인 휴식 공간을 꾸밀 수 있다. 컴퓨터에는 좋아하는 자연 경관을 담은 슬라이드 쇼 링크를 즐겨찾기 해 두고 필요할 때마다 보면서 감정을 회복하자.

나는 세상 돌아가는 일에 좌절과 분노를 느낄 때 늑대들이 어떻게 강의 모습을 바꿔 놨는지를 다룬 〈How wolves change rivers(1995년 미국 옐로스톤 국립 공원에 늑대를 방사하면서 나타난 생태계 변화를 다룬 영상-옮긴이)〉를 본다. 초월 상태를 느낄 수 있는 4분 30초 분량의 이 영상에는 늑대의 멋진 울음소리, 광활한 풍경과 강과 폭포에서 느껴지는 벅찬 아름다움, 다양한 동물의 움직임에서 느껴지는 야생의 활기가 담겨 있다. 이 영상을 보고 있으면 놀라움과 무한한 가능성이 나를 가득 채우고 마음이 차분해진다.

경이감을 자아내는 자연에서 시간을 보내거나 자연의 요소를 일상에 들여놓으면 자연과의 관계를 소생할 수 있다. 때로는 멀리에서 찾을 것 없이 그저 가만히 주의를 기울이기만 해도 된다.

예를 들어 교외에 산다면 아침에 눈 뜰 때 새들이 들려주는 소리, 해 질 무렵에 곤충들이 윙윙거리는 소리에 귀를 기울여 보자. 또한 태양과 바람이 머리 위를 지나가며 생기는 그늘의 움직임도 유심히 관찰하자. 이 모두가 분석적인 경험보다 감각적인 경험을 원하는 인간의 욕구를 충족하는 부드러운 방법이다.

앞서 언급했듯이 최근에 자연 세계의 소중한 공간들이 돌이킬 수 없을 정도로 파괴된 모습을 보거나 상상했을 때 경험하는 정서적 고통을 가리켜 솔라스텔지어라는 용어가 생겼다. 어느 정도 솔라스텔지어를 겪는 것은 불가피하겠지만 일상에도 존재하는 자연의 놀라움과 포근함을 충분히 느끼고 자연을 보호하기 위해 최선을 다한다면 큰 힘과 치유를 받아 이런 고통을 상쇄할 수 있다.

자연의 풍부함은 다양한 곳에서 만날 수 있다. 그리고 그중 대부분은 우리가 충분히 누릴 수 있다. 미국 출신 건축가 프랭크 로이드 라이트(Frank Lloyd Wright)는 조언했다.

"자연을 연구하고 자연을 사랑하고 자연과 가까이 지내세요. 절대 실망하지 않을 겁니다."

# 7장

# 나의 영향력
# 발휘하기

"행동은 절망의 해독제다."

**-조안 바에즈(Joan Baez)**

미국 포크 가수, 작곡가, 활동가

# 주체적인 삶은 언제나 옳다

높은 각성, 무력감 또는 초조함이 계속되는 상태로 살면 더 깊은 의식에까지 그 여파가 스며들어 사회적 의사소통 능력이 약해지고 정신과 영혼이 불안정해진다. 정서적 염증에 기여하는 수많은 사회적, 국제적 이슈가 그렇듯이 아무도 손쉽게 답을 주지 못하는 크나큰 문제가 있을 때 우리는 자연히 묻게 된다.

'내가 개인적으로 할 수 있는 일은 없을까?'

분명 자신의 안녕과 사회 전체를 위해 할 수 있는 일이 있다. 더 인간적이고 공정한 세상을 만들기 위해 하는 모든 일은 자신의 안정과 회복력에 지대한 영향을 미친다. 실제로 많은 사람이 느끼는 좌절과 무력감의 효과적인 해독제 중 하나는 두 팔을 걷어붙이고 어떤 방식으로든 행동에 나서는 것이다.

그리스 철학자 아리스토텔레스는 저서 《니코마코스 윤리학(Nicomachean Ethics)》에서 삶을 의미 있는 행동으로 가득 채우고 이를 실천하겠다는 열정으로 모든 행동에 임할 때 최고의 목적과 잠재력에 도달할 수 있다고 선언했다. 아리스토텔레스에게 이런 태도는 윤리적 미덕을 의미한다.

## 행동하는 사람이 되면 달라지는 감정

행동하면 통제감도 생긴다. 그렇다고 우리 모두가 곤경을 타개할 대단한 영웅적 업적을 성취해야 한다는 뜻은 아니다. 지금 목표로 삼을 것은 사안을 개선하기 위해 자신의 가치, 기술, 재능으로 할 수 있는 일을 실천하는 것이다.

우리 각자는 사회적 불의에 대항해 목소리를 낼 때, 도움이 필요한 사람에게 손을 내밀 때, 다른 사람을 가르치는 일에 힘을 보탤 때, 정치권에 건의할 때, 의미 있는 일이라고 생각하는 사회 봉사 활동에 참여할 때, 기후 여파의 시대에 살면서 탄소 발자국을 줄이고 상쇄하고자 노력할 때마다 변화를 만들어 낸다.

개인의 테두리 안에서는 행동에 나서면 즉시 기분이 나아지고 안도감이

든다. 현재 느끼는 불안을 묻어 두거나 외면하려고 할 때 드는 노력이 줄어들기 때문이다. 불안의 뿌리를 그늘 밖으로 끄집어내면 환한 빛 아래서 요소요소를 살펴보고 자기가 할 수 있는 일에 주의를 돌리게 된다. 이것이 가능성 요법(possibility therapy) 본연의 원리다.

가능성 요법은 정서적 불편함의 원인에 매달리기보다 눈앞의 난제와 두려움의 해법을 발견하거나 만들어 내는 데 초점을 두는 인본주의적 치료법이다. 의식적으로 행동하면 자신이 취약한 것 같은 느낌을 유용하고 단단한 치료법으로 전환할 수 있다. 특히 고통스러운 문제를 역전할 해결책을 찾으려고 노력하면 수많은 사람의 삶을 개선하는 긍정적인 결과를 얻을 수 있으므로 기분도 고양된다.

변화의 주역이 되는 것도 정서적 염증을 줄여 준다. 적극적인 태도가 일으키는 긍정적인 파급 효과가 무력감을 상쇄하기 때문이다. 더불어 이런 과정은 뇌의 보상 중추를 활성화해서 계속 참여하고 싶다는 욕구를 강화한다. 요컨대 자신이 더 강해졌다는 느낌이 들 뿐 아니라 심리적으로도 더 탄력적인 사람이 됐다고 느끼게 된다.

# 군중 심리를 이기는 생각

우리가 함께 직면한 거대하고 다양한 문제에 행동을 취하겠다는 의향이 늘 자연스럽게 생기는 것은 아니다. 어떤 사람들은 관찰자처럼 옆에 물러서 있는 편을 택할 때가 많다. 이는 '방관자 효과'가 지니는 힘을 암묵적으로 입증한다.

방관자 효과(bystander effect)는 1964년 뉴욕시에서 키티 제노비스(Kitty Genovese, 28세)가 살해당한 후 사회 심리학자 존 달리(John Darley)와 빕 라타네(Bibb Latané)가 널리 알린 개념이다. 당시 제노비스는 자기가 살던 거리에서 수차례 칼에 찔렸는데, 주변에 모여 이를 목격한 군중 가운데 즉시 경찰에 연락하거나 제노비스를 구하려고 나선 사람이 아무도 없었다. 이 비극은 진지한 성찰을 불러일으켰으며 많은 사람은 이런 의문을 품게 됐다.

'도시, 나아가 사회 전체가 지니는 익명성 때문에 우리가 서로 철저히 분리돼 있다고 느낀 나머지 타인의 고통에 무관심하게 된 걸까?'

달리와 라타네는 방관자 효과를 연구하면서 인간 행동에 관한 놀라운 결론에 도달했다. 위기 상황에서는 군중이 많을수록 사태에 적극적으로 대응할 확률이 낮아진다는 것이다.

군중 규모 외에도 책임 분산(모두가 같이 목격했으니 나한테만 책임이 있는 건 아냐), 군중 속에서 느끼는 상대적 익명성(나를 아는 사람은 아무도 없으니까 뭐), 무의식적으로 타인의 판단에 저항하는 태도(아무도 나서지 않는데 굳이 내가 나설 이유는 없지) 등이 방관자 효과에 기여하는 요인이다.

이런 형태의 사회적 마비 또는 책임 거부는 범죄 상황에서 중재에 나서는 일뿐만 아니라 다양한 불의에 맞서 목소리를 내는 것과 관련해서도 엄청난 함의를 지닌다.

불안 때문에 행동하지 않는 태도는 전염된다. 이런 현상이 자주 나타나면 사회적 표준이 된다. 대다수 사람은 주어진 상황에서 사회적 기대를 자동으로 받아들이는 무의식적인 경향이 있다. 이때 근거가 되는 것이 다른 사람들의 행동이다. 하지만 행동에 나서지 않으면 불안을 낮춰 줄 바로 그 행동이 가로막히기 때문에 오히려 트라우마가 커질 수 있다.

## '나 하나쯤이야' 대신 '나 하나라도'

다행히 이런 군중 심리는 방향을 바꿔 좋은 쪽으로 활용할 수 있다. 방관자 효과를 깨뜨리는 두 가지는 상황의 심각성을 깨닫는 것과 이를 개선하거나 해결할 구체적이고 효과적인 행동을 찾아내는 것이다.

군중 심리의 힘을 인식한다면 이를 기회로 삼아 군중 심리가 지닌 폭넓은 힘을 이용할 수 있다. 한 사람이 행동에 나서면 이를 좇아 다른 사람들도 행동에 나설 것이기 때문이다. 그럼 '아무도 나서지 않으니 나도 행동하지 않아도 될 거야'라는 생각이 이렇게 바뀐다.

'내가 모범을 보여 이끈다면 다른 사람들도 따라올 거야.'
'저 사람이 확실하게 입장을 취했으니 나도 그래야겠군.'

이런 방식으로 사회적 표준이 뒤집어지면 기대되는 행동을 유도할 수 있으며 사람들은 적절한 또는 그 상황에 요구되는 위기의식을 갖고 중재에 나서게 된다.

군중 심리의 스위치를 뒤집는 것의 힘을 입증한 예가 있다. 2001년 9월 11일 유나이티드 에어라인 93 항공기에 토드 비머(Todd beamer)라는 승객이 타고 있지 않았다면 무슨 일이 발생했을지 상상해 보라.

당시 비머와 몇몇 남성은 공중 납치된 항공기를 구하기 위해 조종실을 덮칠 비범한 계획을 생각해 냈다. 비머는 주도적으로 나서서 용기 있게 외쳐 몇몇 다른 승객도 뛰어들어 힘을 합쳤다. "우리 한번 해 보자!(Let's roll!)"

라는 말은 유명하다. 그 덕분에 항공기는 당초 목표물이었던 워싱턴의 미국 국회 의사당에 충돌하는 대신 펜실베이니아의 빈 들판으로 추락했다.

비머는 사회적 표준의 스위치를 뒤집어 다른 승객들의 용기를 북돋아 공중 납치범 무리가 항공기를 조종하는 것을 함께 막아 냈다. 그들은 자신의 목숨을 바쳐 많은 사람의 생명을 살린 것이다.

# 행동하는 사람, 업스탠더

이 불안하고 거친 시대에 효과적인 치료법은 의식적으로 행동하지 않는 자신을 인식하고 이에 맞서며 방관자의 옷을 벗고 업스탠더(upstander)가 되는 것이다. 업스탠더는 모두가 주저할 때 먼저 나서서 행동하는 사람이다. 뭔가가 잘못됐음을 인식하면 이를 바로잡기 위해 목소리를 내거나 자신의 입장을 확고히 밝힌다. 결국 중요한 것은 침묵 속에 바라만 보는 데서 벗어나 좋은 소음을 만들어 내는 것이다.

본래 업스탠더의 개념은 다른 친구를 괴롭히는 아이들에 맞서는 아이들을 가리키는 말이었다. 하지만 미투 운동부터 화석 연료 사용 반대 시위에 이르기까지 모든 형태의 사회적, 환경적 불의에 맞서는 대응 행동에도 적용된다.

하버드 대학교 로스쿨 교수인 마사 미노우(Martha Minow)는 2014년에 〈업스탠더, 내부 고발자, 구조자〉라는 주제로 강연하는 자리에서 이렇게 설명했다.

"업스탠더는 편협한 행동과 불의에 대항해 공개적으로 자신의 입장을 표현하기도 합니다. 잘못된 행동을 멈추려고 업스탠더가 내부 고발자가 되어 이를 폭로할 때도 있습니다. 또한 업스탠더는 편협한 행동과 불의로 피해를 입은 사람에게 직접적으로 지지를 표함으로써 침묵하고 소극적이고 싶은 유혹에 저항합니다."

## 내 안에 사는 작은 영웅

업스탠더가 된다는 것은 자신을 강하게 만들 뿐 아니라 자유롭고 질서 있는 사회의 근본을 이루는 공정의 원칙을 강화하는 데도 도움을 준다. 누구든지 업스탠더가 될 수 있다. 우리는 크고 작은 여러 방법으로 힘을 불어넣는 행동을 실천하고 목소리를 내고 자신이 지지하는 뜻을 위해 입장을 표명할 수 있다. 비범한 능력도 필요 없으며 슈퍼히어로가 되려고 애쓸 필요도 없다.

각계각층에서 두각을 나타내는 업스탠더들의 주된 특징은 이렇다.

• 사회적 불의 때문에 괴로워한다.

- 집단 사고에서 벗어날 수 있다.

- 침묵을 깨고 무관심한 태도를 벗고 행동에 나선다.

- 자신을 책임 있는 개인으로 인식한다.

- (정부가 그렇지 않다고 할 때도) 사회와 자연이 처한 위험을 인지한다.

- 현재 상황이 앞으로 어떤 해를 초래할지 내다본다.

- (예를 들어 금전적 이유보다는) 윤리적, 도덕적 고찰로부터 동기를 얻는다.

- 타인을 연민할 줄 안다.

- 개인적인 어려움이나 희생을 감수하고서라도 눈앞의 위험을 해소하
  기 위해 행동함으로써 불안을 다스린다.


모두가 행동할 수 있다. 행동하는 사람이 곧 업스탠더. 변화의 주역
이 되고 싶다면 시간을 갖고 유난히 마음이 쓰이는 이슈나 문제를 생각해
보라. 137쪽에서 살펴봤듯이 자신의 감정 버튼을 누르는 요인을 돌아보고
112쪽에서 봤던 단어 모음도 검토하라. 이를 통해 자신의 진솔한 감정을
정의 내릴 수 있을 것이다.

이 감정들의 토대는 나에 대한 다른 사람의 의견이나 남들이 내게 기대
하는 행동이 아니라, 나의 개인적이고 솔직한 감정과 관심사다. 그러므로
이를 참고하면 변화의 주역이 되는 데 필요한 나만의 힘과 노력을 단련할
수 있다.

# 더 적극적으로 움직여라

한편 우리 다음 세대에 기후 문제, 환경적 위험, 인권 침해 등 사회적 불의의 면에서 어떤 세계적 유산을 남기고 있는지 생각해 보는 것도 유익하다. 다음으로 그 상황이 어떻게 인식될지 평가한 후, 이를 해결하는 데 내가 할 수 있는 건설적인 행동을 찾아낸다. 이 두 단계가 중요한 이유는 자신의 관심을 행동에 옮김으로써 불안을 가라앉힐 수 있기 때문이다.

2017년 캘리포니아 소노마 카운티에서 산불이 발생했을 때, 62세의 예술가인 릴리의 집은 다행히 피해를 모면했지만, 릴리와 릴리가 알고 지낸 모든 동네 사람은 정신적 충격에 빠지고 산불 재발을 크게 우려했다. 릴리는 말했다.

"하룻밤 사이에 7,000가구가 불길 속으로 사라지자 여기서는 패러다임이 바뀌었습니다. 이곳처럼 인구가 밀집한 지역에 그런 일이 벌어지리라곤 아무도 생각하지 못했죠. 나무와 숲이라면 몰라도 집들이 그렇게 타 버릴 줄은 몰랐어요. 지금 생각하니 집은 죽어 가는 숲보다도 불을 잘 일으킬 만한 폭탄이었어요."

2019년 봄, 릴리는 더 이상 불안에 사로잡히지 말아야겠다는 생각에 남편과 지역 소방서와 긴급 구조대가 개최한 재난 대비 박람회에 참가했다. 두 사람은 행사장에서 집과 반려동물을 더 잘 보호하고 아마추어 무선을 사용하고 비상 시 사용할 트라우마 팩(trauma pack, 특수 응급 키트)을 마련했다. 또 개인별 화재 대응 계획 방법에 관한 심도 있는 교육을 들었다. 전에 몰랐던 이웃과도 만났다. 그 지역에 또 다른 재난이 닥치면 제일 먼저 대처해야 할 사람이 바로 그들이다. 릴리는 말했다.

"지진이나 화재의 위협이 끊임없이 이어지기 때문에 여기서는 자연재해 가능성에 불안감이 사라질 틈이 없어요. 박람회에 갔더니 좀 더 대비된 듯한 기분이 들어서 큰 도움이 됐어요."

## 나와 우리에게 힘을 불어넣는 행동

내가 힘을 보태고 싶은 이슈를 선택했다면 이에 관한 정보를 광범위하게 습득하라. 이로써 내가 다루는 문제를 파악하고 반대 의견에 잘 대응할 수 있다는 자신감이 생긴다.

다음으로 이 문제를 해결하기 위해 일하는 단체 또는 국가 기관의 지부를 찾아 그 단체에 후원하는 활동으로 자원봉사를 할 수 있는지 알아보라. 그들이 지금까지 해 온 일을 인정하고 감사를 표하고 교훈을 얻어라. 내가 기여할 만한 기술이나 달리 도울 방법을 알려라. 때로 새로운 단체를 찾아오는 자원봉사자들은 자신이 그 단체의 문화에 잘 녹아들지 알 수 없어 불안해한다. 이때는 끈기를 갖자. 사람들이 누군가에게 신뢰를 주기까지는 대개 어느 정도 시간이 걸린다.

뉴햄프셔에서 교사로 일하는 56세의 한나는 최근 몇 년간 이런 긍정적인 효과를 경험했다. 2016년 선거가 끝났을 때 한나는 다가올 미래, 특히 의료, 생식권, 투표권, 교육 분야를 생각하며 두려움에 떨었다. 한나는 말했다.

"우울하고 불안하고 두렵고 화났고 이런 기분이 든다는 게 싫었어요."

한나는 생각을 비우고픈 마음에 미국가족계획연맹(Planned Parenthood, 미국 내 최대 가족 계획 지원 단체-옮긴이)에서 자원봉사를 시작했다. 다른 자원봉사자들과 함께 여론 조사 차 유권자들의 집을 방문하여 낙태에 관해 그들이 겪은 상황을 이야기한 뒤 그 문제에 어떻게 생각하는지 물었다. 이후 한나는 변화할 수 있다는 희망을 발견했다.

긍정적인 변화를 일으키는 일에 동참함으로써 타인에 대한 연민과 소통 능력을 키울 수 있었을 뿐 아니라 무력했던 마음이 희망으로 가득 찰 만큼 한나에게 큰 힘을 불어넣었다.

"삶이 확 달라졌어요. 놀랍고 의미 있는 대화를 나눴거든요. 심지어 낙태를 전적으로 반대하는 사람들과도 얘기할 수 있었어요. 내가 옳다고 생각하는 문제에 반대하는 사람들도 알고 보면 저와 그리 다르지 않다는 사실을 알게 됐죠."

자원봉사는 지역 사회에 이로울 뿐 아니라 스트레스, 불안, 좌절을 낮추고 기분을 개선하는 데 도움이 된다. 영국의 성인 6만 6,000여 명을 대상으로 한 연구에서 자원봉사를 통해 타인이나 단체나 기관을 돕는 일은 특히 우리의 정서적, 신체적 안녕에 기여하는 강력한 요인임을 밝혔다. 자원봉사는 개인의 사회적 네트워크를 넓혀 사회적 지지망을 두텁게 만든다.

또한 자원봉사는 일종의 성취감을 선사하고 가치로 따질 수 없는 목적의식을 심어 준다. 게다가 주기적으로 자원봉사에 참여하면 스트레스가 완화된다는 사실도 드러났다. 배고픈 사람에게 음식 제공하기, 필요한 곳에 재능 기부하기, 가진 것 없는 사람에게 친절 베풀기 등 타인을 돕는 것은 도움을 주는 사람과 받는 사람 모두가 존엄과 존중을 느끼게 한다.

내가 베푼 친절로 실제 혜택을 받는 사람의 눈을 들여다보면 특별한 평화와 만족감을 느낄 수 있다. 다른 연구들도 이와 비슷한 결과를 얻었다.

코넬 대학교 연구 팀의 연구에서는 흥미로운 반전이 나타났다. 환경 프로젝트에 환경 지킴이 자원봉사자로 참여한 성인들을 조사해 보니 20여 년간 신체 활동도 더 많았고 건강도 전반적으로 증진했으며 우울 증상도 덜 경험하는 것으로 나타났다.

연구자들의 분석 결과 신체 활동이 늘어나 얻은 유익만이 이런 긍정적인 효과를 낳지는 않았다. 자연에서 더 많은 시간을 보냈다는 점, 그리고 미래 세대에게 유익을 주려고 노력하면서 '관용 감각'을 느꼈다는 것이 그 이유였다.

## 행동력을 끌어올리고 싶다면

내가 속한 지역 사회와 지구 그리고 내 삶을 더 건강하게 만드는 데 이바지하는 방법은 여러 가지다. 모든 행동이 의미 있는 이유는 작은 변화가 하나하나 쌓이기 때문이다. 또한 나의 행동은 주변 사람들에게 각자의 역할을 떠올리게 하는 신호가 된다. 자신의 관심 사안에 기여할 수 있는 작은 일들이 있다.

- 선한 취지로 진행되는 일이나 비영리 사업에 기부한다.
- 특정 사안에 관한 청원에 서명한다.
- 공무원에게 연락해 자신의 생각을 알린다. 또는 가능하다면 신문사에 편지를 보내거나 자신의 의견을 글로 정리해 투고한다.
- 지지 모임이나 시위 집회에 참가한다.

- 자신의 탄소 발자국을 계산하고 이를 줄일 방법을 찾아본다.
- 같은 생각을 하는 사람들과 만나 해당 사안을 놓고 의견을 나눈다.
- 자신의 생각을 담아 표현한다.
- 자기 행동을 찬찬히 돌아보고 자신의 가치와 일치하지 않는 행동은 고친다.
- 지역에서 키운 제철 과일과 채소를 구입해 이산화탄소 배출을 줄인다. 한 걸음 더 나아가 식물을 키운다.
- 의약품 수거 프로그램에 동참해 부적절하게 폐기된 약물로 수역과 토지가 오염되는 것을 예방한다.
- 플로깅(조깅하면서 쓰레기를 줍는 새로운 운동)에 동참한다.
- 내가 소중히 여기는 가치를 공유하는 후보자를 지지한다.
- 일명 꽁무니 쫓아다니기(bird-dogging)로 유세장에 가서 주요 사안에 관한 정치 후보자의 생각을 묻고 지켜본다.

이보다 더 규모가 큰 방법도 있다.

- 내가 관심을 두는 사안에 관해 토론하고 행동하는 모임을 시작한다.
- 선출된 공직자에게 서신을 보내는 캠페인을 벌여 특정 사안을 지지하는 뜻을 표명하거나 나의 가치에 반하는 단체에서 후원금을 받지 않도록 압력을 행사한다.
- 현재 업무 환경이 나의 가치를 반영하지 않는다면 나의 가치를 지킬

수 있는 일로 옮기는 편을 고려하며 장단점을 따져 본다.

- 단체를 만들어 지역 대표와 주 대표에게 특정 사안에 관한 법안 심사를 요청한다.

- 지역 교육 부처에 인권과 환경 보호에 관한 교과목을 마련하도록 권한다. 시민 교육을 부활시킨다면 다음 세대가 자신의 중요한 역할을 잘 이해하며 성장하는 데 유익할 것이다.

- 자원봉사를 하며 휴가를 보낸다. 집 짓는 일에 일손 보태기, 자연 서식지 되살리기, 동물 보호 구역에서 일해 보기, 의료 또는 교육 프로그램 개선하기 등 도움이 필요한 사람들을 위해 다양한 일에 참여할 수 있다.

- 비행기보다는 느리지만 탄소 배출이 적은 기차를 탄다. 자신에게도 좋고 기차 승객이 많아지면 이런 운송 방식에 투자를 늘릴 합법적 배경이 마련된다. (나는 기회가 될 때마다 이렇게 한다. 또한 강연 차 멀리 이동할 때면 내가 일으키는 탄소 배출의 비용과 강연을 통한 전체적인 가치를 저울질하면서 비용과 편익을 따져 본다.)

- 적극적인 활동에 참여하는 데 더 많은 시간을 쓸 수 있도록 근무 시간을 조정한다.

- 투표를 권유하는 캠페인을 펼쳐 투표자 등록률과 투표율을 높인다.

- 가전제품을 바꿀 때 에너지 효율이 높은 제품을 구입한다.

- 지역 전력 회사가 공급하는 재생 에너지원을 선택한다.

- 직장 관리자에게 재활용하기, 친환경 세제 사용하기 등 친환경 정책

도입을 제안한다.

- 직접 공직에 출마하는 편도 생각해 본다. 안 될 것 없다!

# 감정을 바꾸는 말의 힘

내 힘을 행사하는 쉽고 효과적인 방법 중 하나는 목소리를 내거나 확고한 입장을 취하는 것이다. 분명히 잘못된 일이 벌어질 때 이에 관해 말하거나 행동에 나설 수 있다.

이는 누군가가 추행, 괴롭힘, 학대를 당할 때 업스탠더로서 기꺼이 중재에 나선다는 것을 의미한다. 내가 있는 자리에서 누군가가 인종차별적이거나 성차별적인 농담과 발언을 할 때면 이를 지적하고 제지한다. 누군가가 거리에서 쓰레기를 버리는 모습을 목격했다면 가볍게 말할 수 있을 것이다.

"죄송하지만 뭔가를 떨어뜨리신 것 같은데요."

이런 소소한 말이 쌓여 변화를 만들어 낸다. 고통스럽고 두려운 주제를 공공연하게 꺼내 놓는 것을 무서워하지 마라. 정의로운 주도자가 주제를 올바로 다룬다면 해로움보다 유익을 얻을 가능성이 더 크다.

예를 들어 총기 폭력, 젠더 정치를 비롯해 시사 문제에 아동들이 느끼는 두려움과 걱정을 터놓고 얘기하면 아이들이 자신의 심리적 발판을 만드는 데 도움이 된다. 이런 문제에 대처하고 적응하는 건강한 방식을 보여 주면 그런 모습을 보고 교훈을 얻을 수도 있다.

자기 생각을 공유하는 대상이 한 사람이든 다섯 사람이든 군중이든 전달하는 메시지의 억양, 전달 방식, 전하는 내용에 주의를 기울여야 한다. 듣는 사람의 이목을 끄는 관건은 이런 요소에 있기 때문이다.

## 긍정적 메시지 전달의 중요성

《설득의 심리학(Influence)》을 쓴 선구적인 설득의 전문가 로버트 치알디니(Robert Cialdini) 박사는 다른 사람의 이목을 끌어 오래 지속되는 행동 변화를 유도하는 비결을 이렇게 말했다.

"중요한 것은 분명하고 이해하기 쉬운 단어를 사용해 문제의 심각성을 상세히 알리고(사탕발림하지 말고), 무력감을 해소시키고 결의를 일으키며 탄력성을 촉진할 든든한 행동을 제시함으로써 해당 사안에 대한 해법을 차분히 알리는 것이다."

　사람들은 무시무시한 손실이 예상될수록 행동할 가능성이 높아진다. 특히 '어떻게 행동할 것인가'에 관한 아이디어가 제시되면 실행률이 더 높아진다. 우리는 다른 사람에게 얘기할 때 감정을 드러내는 것을 꺼린다. '감정 공포증'이라는 이 현상은 다른 사람의 흥미를 잃을까 봐 두려운 마음에 자기감정을 숨기는 것을 가리킨다.

　하지만 사람들이 듣고 싶어 하는 것과 지속적인 행동 변화를 일으키는 것은 완전히 다른 일일 때가 많다. 행동해야 하는 이유를 구체적인 해결책과 연관 지어 제시하는 메시지가 행동을 이끌어 낼 확률이 가장 높다.

　이런 접근이 갖는 묘미가 있다. 특정한 위협이나 사안을 놓고 토론할 때 발언자는 다른 사람의 정서적 염증을 높일 수 있다. 하지만 이런 감정에 담긴 에너지를 사로잡아 해결책으로 유도하면 사람들의 불안이 낮아져 문제를 해결하려는 의지를 굳건히 할 수 있다.

　사회 심리학자들의 보고에 따르면 행동을 변화시키는 가장 효과적인 방법은 보고 싶지 않은 행동이 아니라 보고 싶은 행동을 말하는 메시지를 사용하는 것이다. 사람은 선천적으로 무리와 어울리려는 욕구가 있으므로 사회적 승인이 있으면 자신의 선택을 더 신뢰하게 된다. 이를 고려해 다른 사람들이 긍정적인 행동에 참여하게 되는 과정을 주의 깊게 살펴보라.

　예를 들어 "아직도 총기 안전과 개혁에 관심을 두지 않는 사람이 너무 많습니다"라는 말 대신 "점점 더 많은 사람이 더 엄격한 총기법을 옹호하고 있습니다"라고 말했을 때의 영향력을 확인할 수 있을 것이다. 다시 말해 사람들에게 어떤 행동을 권하고 싶다면 긍정적인 방향으로 분위기를 이끌어라.

다른 사람의 행동을 이끌기 위해 긍정적인 쪽으로 유도하는 것과 실제 위협을 경시하는 것을 혼동해서는 안 된다. 둘 사이를 잘 구분해야 한다. 내 동료 중 한 명은 내가 기후 위기에 관해 말할 때면 너무 부정적이라고 핀잔을 주면서 긍정적인 점을 강조해야 된다고 말한 적이 있다.

그는 1963년 '직장과 자유를 위한 워싱턴 행진'에서 미국의 시민운동가 마틴 루터 킹이 상징적인 연설을 할 때 "나에게는 악몽이 있습니다"라고 말하지 않았다는 사실을 지적했다.

킹 목사는 그럴 필요가 없었다. 이미 청중은 그 악몽이 무엇인지 알았고 그런 청중의 감정을 사로잡아 사람들이 이를 적극적으로 정의를 요구하는 데 쏟도록 만들었다. 그가 남긴 불멸의 문장은 청중에게 기대해야 할 목표를 전해 줬다.

"나에게는 꿈이 있습니다. 언젠가 이 나라가 깨어나 이 신념의 진정한 의미에 합당하게 살아갈 것입니다. 그것은 모든 사람이 평등하게 창조됐다는 사실입니다."

## 성숙한 소통의 기술

말의 힘을 이해하고 다른 사람의 감정을 사로잡는 데 사용해 이를 공동의 행동으로 이끈다면 많은 것을 성취할 수 있다. 한 번 말해서 효과를 얻는 경우는 드물다. 실제로 어떤 메시지로 영향력을 발휘하려면 여러 번 전달해야 한다. 변화를 일구기 위한 기반을 마련하는 데는 오랜 시간이 걸릴 수 있지만 일단 여건이 마련되면 신속하게 일이 진행된다.

다른 사람의 행동을 변화시키기 위해 반복해서 메시지를 전달하는 것은 의미 있는 일이다. 이는 아이들이 자기 방을 깨끗이 치우도록 하기 위해 들이는 노력과 비슷하다. 잔소리를 해서도 안 되고 겁을 줘서도 안 된다. 신뢰할 만한 설명으로 꾸준히 행동을 요청하면 결국 사람들도 자신의 영향력을 행사하는 일에 동참하고 싶은 마음이 들 것이다.

다른 사람의 선한 본성과 좋은 의도를 알아보고 이를 끌어낸다면 공통점을 찾는 데 유익하다. 그리고 지금 실천하는 일에 대한 신뢰와 지속적인 헌신을 만들어 낼 수 있다.

"성공을 낳는 데는 성공만 한 게 없다."

이 오래된 속담은 한 치 앞을 내다볼 수 없는 세상에서도 잘 맞는 말이다. 멸종 직전에 처한 동물의 개체 수가 다시 늘어난 것, 까막눈이던 사람이 글을 익혀 뿌듯해하는 모습, 독창적이고 협력적인 공동 연구를 통해 질병을 치료하는 경우 등 정서적 소통을 유발하고 사례를 통해 상황이 개선되는 과정을 보여 주면, 희망적인 소식과 장면을 전달하면 마법 같은 일이 펼쳐진다. 사람들 사이에 낙관주의와 에너지가 되살아나며 변화의 주역이 되겠다는 나의 의지도 새롭게 다질 수 있다.

두 눈을 크게 뜨고 우리가 인간으로서 올바로 하는 일들을 살펴보라. 그 일들을 어떻게 하고 있는지 살펴보고 앞으로도 계속 상황을 바꿔 나갈 방법은 무엇인지도 생각해 보자.

# 모두가 잘되는 길은 반드시 있다

오늘날 많은 사람이 정서적 염증에 힘들어한다. 세상은 존중 어린 담화에 목말라 있다. 특히 요즘 같은 격변의 시대에는 무례하거나 몰지각한 행동으로 서로를 자극하기 쉽다.

여기에 정치적 논쟁으로 맞서든 소소한 일상의 문제를 두고 서로를 대하는 단어, 표정, 목소리 높낮이, 몸짓 언어를 올바로 선택하면 상대에게 이해를 끌어낼 수 있다. 이와 반대로 하면 사람들이 등을 돌리거나 마음을 닫거나 화가 나게 만들 수 있다.

일상적인 만남에서 이 같은 언어적, 비언어적 의사소통에 주의를 기울이자. 많은 사람이 꼽은 요점을 정리하면 이렇다. 어떤 말을 들었는지는 잊을 수 있어도 그 메시지를 듣고 어떤 기분이 들었는지는 기억에 오래 남는다. 정서적 염증이 만연한 이 시대에서 세상을 살아나갈 올바른 행동법이 고민된다면 이 문장을 주문처럼 간직하길 바란다.

"목소리를 내라. 진실을 말하라. 사려 깊게, 요령 있게."

정서적 염증을 비롯한 모든 고통스러운 일에는 차근히 단계를 밟아 문제 상황을 바로잡거나 수정하는 것이 건강한 대처법이다. 그렇게 해야 무력감을 든든함으로 바꿀 수 있다.

행동하는 데 치유의 힘이 있다는 것을 깨달았다면 이제부터 자신에게 필요한 마음의 피난처를 다시 만들 수 있다. 취약하고 불안한 상태에 머무르는 대신 그 에너지를 걱정을 부채질하는 문제를 개선하고자 노력하고 마음을 같이하는 사람들을 찾아 동지로 삼으라.

이런 점을 염두에 두고 잠시 생각해 보면 정서적 염증은 그저 성가신 짐이 아니라 숨은 자산일 수도 있다. 결국 이것이 나의 관심사와 의지를 행동으로 옮기게 만들고 긍정적인 변화를 일으키겠다는 나의 열정이 주변 사람에게도 퍼져 나갈 수 있다.

내가 가진 힘과 기술을 좋은 뜻에 활용하는 것을 보면 다른 사람들도 자기도 모르는 사이에 나를 따르려는 의욕이 생길 때가 많다. 한 사람의 노력이 세계 또는 인류의 상태를 바꾸는 데 대대적인 영향력을 발휘할 수는 없지만 한 사람 한 사람의 행동이 모이면 큰 힘이 된다. 개인의 차원에서는 자신이 느끼는 분노, 두려움, 때로는 절망의 에너지를 포착해 잠재적인 해결책에 쏟는다면 분명한 목적의식 아래서 삶이 매끄럽게 풀릴 것이다. 이것이 정서적 염증을 낮게 하는 최고의 연고다.

## 부정적 감정을 역으로 활용하라

메릴랜드에 살면서 과학 저술가로 활동하는 52세의 팀을 예로 들자. 팀은 수년간 정서적 염증에 시달렸다. 주된 요인은 기후 변화와 환경 파괴에 대한 걱정이었고 수시로 재난 장면을 떠올렸다. 이런 생각을 억제해 보려고 노력했지만 성과가 없자 팀은 자신의 분노와 좌절을 자양분 삼아 실질적인 행동에 나서기로 결심했다.

활동가가 되어 화석 연료를 사용하는 기반 시설 건축에 반대하고 프래킹(fracking, 셰일 가스 추출 등을 위해 고압의 물을 암반층에 주입하는 방법. 지진을 유발한다고 알려짐-옮긴이)에 필사적으로 반대하고 이런 일을 함께할 커뮤니티를 만든 것이다. 팀은 자신의 가치를 반영하는 삶을 선택했고 이런 마음가짐은 현재를 살아가는 인류의 생존을 위해 싸움을 이어 나가는 그에게 큰 위안을 주고 있다.

변화의 주역이 되어 자신을 괴롭히는 문제를 변화시키거나 조정하는 데 영향력을 행사하는 것은 곧 자신을 정서적 고통에서 구하는 방법이다. 고통스러운 감정에 굴복하는 대신 착실히 전진하며 상황을 개선할 전략을 찾는다면 자기 삶의 경로와 질을 바꾸는 데 도움이 된다. 삶의 의미가 더 크게 느껴지고 자신의 가치를 더 분명히 깨닫게 되며 삶을 어떻게 살아나 갈지도 더 명확히 알게 된다.

이렇게 행동을 취하고 자기 생각을 요령 있게 표현하고 삶을 긍정하는 방식으로 행동을 바꿔 나가면서 자신감을 쌓아 가는 단계를 연습하면 내면에 긍정 강화가 연달아 일어난다. 그 결과 건설적인 행동을 지속하고 다른 사람들에게도 영감을 줌으로써 이를 따르게 할 가능성이 높아진다.

멈추지 말고 당당하게 전진하라. 자신의 에너지와 결심을 자양분 삼아 사려 깊고 똑똑한 행동을 실천하라. 정서적 평형 상태를 되찾고 다른 사람들도 그럴 수 있도록 돕는 것을 허황된 소망이나 꿈으로 남겨 둘 필요는 없다. 올바른 방향으로 한 걸음씩 내딛을 때마다 그 꿈이 새로운 현실로 바뀔 수 있다. 당신은 이미 그 여정에 발을 내디뎠다.

# 8장

# 나만의
# 회복 플랜 만들기

# 모두에게 유용한 회복 방법

지금쯤이면 나의 다양한 정서적 염증을 속속들이 이해하고 이런 염증이 갑자기 불거지게 만드는 요인도 알았을 것이다. 자신의 정서적 염증에 원인을 제공하거나 이를 악화하거나 잠재우는 방식도 살펴봤다.

적어도 머릿속으로는 어떻게 해야 자신을 올바른 방향으로 이끌지, 까다로운 사람이나 어려운 상황은 어떻게 제한할지 알게 됐을 것이다. 이런 감정을 경험하는 사람이 매우 많다는 사실을 염두에 두고 타인에게 이해심과 연민을 꾸준히 발휘하도록 노력하자. 그들도 동일한 수준의 분노와 불편함을 느낄지 모르는데 의도치 않게 고통을 안기고 싶지는 않을 것이다. 좋든 싫든 우리는 모두 이런 상황을 겪는다.

다시 나 자신에게 집중해 보자. 이제 자신의 정서적 염증을 가라앉혀 내적 평형 상태를 되찾을 나만의 회복 플랜을 마련할 때다. 정서적 염증이 불거지는 것을 적극적으로 예방하는 한편 최선의 노력을 기울였음에도 문제가 나타나면 심리적인 구명보트가 돼 줄 조치도 세워야 한다. 무리하게 들릴지 몰라도 체계적으로 접근하면 정서적 염증을 조금씩 가라앉히게 될 것이다. 나에 대한 투자라고 생각하자. 정서적 안녕, 건강, 활기, 나아가 삶을 증진하는 방법이라고 말이다.

나의 전반적인 반응 유형이나 내게 가장 큰 고통을 주는 정서적 염증 양상에 따라 더 우선시하고 싶은 단계가 있을 것이다. 이 책을 읽으면서 알게 된 내용에 근거해 차분하게 자신이 시도하려는 전략에 맞게 우선순위를 정하라.

## 모든 유형에 유용한 전략

각 반응 유형에 권장하는 구체적인 행동 요령을 살펴보기 전에 마음을 진정시키는 데 유익한 기본 수칙부터 알아보자. 감정을 조절하는 힘을 강화하는 이 수칙들은 모든 유형에 두루 유익하다.

### • 규칙적인 수면 일정을 지키자

일관된 취침, 기상 시간을 정하라. 최상의 기분으로 탁월하게 역할을 수행하는 데 필요한 수면 양을 꼭 확보하자. 매일 7~9시간 사이가 이상적이다. 평일이든 주말이든 항상 이 시간을 지켜야 한다. 필요하다면 이따금

1~2시간 정도 취침 시간을 바꿀 수는 있지만 1시간 넘게 더 자는 일은 없도록 노력하자. 물론 몸이 아프거나 휴식이 더 필요한 때는 예외다.

• 디지털 통금 시간을 갖자

밤에 잠들기로 정한 때로부터 적어도 90분 전부터는 모든 디지털 기기를 차단하라. 불빛을 어둡게 해 놓고 독서, 스트레칭, 음악 듣기, 따뜻한 물에 목욕하기같이 잔잔하고 편안한 활동을 하자. 이렇게 하면 교감 신경계를 진정시켜 더 좋은 수면을 누릴 상태가 마련된다.

• 몸과 마음을 움직이자

활기차게 걷기, 조깅, 자전거 타기, 수영하기 같은 유산소 운동을 매일 10분 정도만 하라. 스트레스 호르몬이 수용체에 착륙하는 것을 가로막아 긴장되거나 몹시 지친 기분을 예방할 수 있다. 규칙적인 운동은 불안과 우울증의 증상을 완화한다.

• 주기적으로 정서적 맥박을 점검하자

지금 어떤 감정을 느끼는지 최대한 정확하고 구체적으로 확인하자. 그러고 나서 자신이 느끼는 감정에 적절히 대처한다. 긴장, 불안, 과민함이나 침울한 감정을 알아차렸다면 잠시 휴식하며 심호흡이나 명상을 하든지, 마음을 편안하게 하는 음악을 듣든지, 위안을 주는 향을 맡든지, 건물 주변을 가볍게 산책한다.

### • 장 세균에 유익한 음식을 먹자

살아 있는 활성 배양물, 섬유질이 풍부한 식품, 발효 식품, 다채로운 채소와 과일 같은 항염증성 식품, 통곡물과 쪼갠 곡물, 콩 및 콩과 식물, 견과와 엑스트라 버진 올리브오일, 생선과 패류 등을 매일 섭취해야 한다. 이는 몸속을 돌봄으로써 신체적, 정신적 염증을 가라앉히는 유익한 방법이다. 하루 내내 카페인이 없는 음료를 충분히 마시는 것도 꼭 기억하자.

### • 왜곡된 생각을 바로잡자

자신의 생각에 주의를 기울이는 습관을 들이자. 생각이 뒤얽혀 있거나 뒤틀려 있다고 인식하면 그 생각이 타당한지 잠시 자문해 본다. 자신이 가장 두려워하는 상황이 실제로 벌어질 확률은 얼마나 높은지, 자꾸만 곱씹는 부정적인 일이 사실이라는 증거가 있는지를 스스로에게 물어보자. 타당한 근거 없는 생각을 하고 있다면 이를 바로잡아 긍정적이고 유익한 방향으로 옮긴다.

### • 자연과 교감하고 감탄하자

숲, 정원. 공원으로 잠깐 산책을 나가 감각적인 자극에 흠뻑 빠져 보라. 나무와 식물이 지닌 마법 같은 패턴에 눈길을 주자. 나무를 스치는 바람 소리, 노래하고 지저귀는 새 소리, 힘차게 흘러가는 시냇물 소리 등 자연이 들려주는 부드러운 소리에도 귀 기울여 본다. 밤하늘의 별과 행성을 올려다보는 것도 좋다. 자연 세계의 경이로움과 놀라움을 충분히 느끼고 나도 그 일부라는 사실을 음미하는 시간을 꼭 갖기를 권한다.

　이 기본 수칙을 일과에 넣어 1~2주간 실천한 후에는 자신의 정서적 염증을 완화할 구체적인 전략을 더한다. 물론 이 책에서 권하는 대처 방법을 얼마든지 원하는 대로 활용해도 좋다.

# 나에게 꼭 맞는 회복 방법

개인의 반응 유형에 따라 우선시할 만한 주요 내용을 안내한다.

## 초조한 반응 유형

불안, 걱정, 두려움에 휩싸이는 형태의 정서적 염증에 속한다면, 올바른 단계를 거쳐 자신의 기분과 행동을 가라앉히고 조절해야 한다.

### • 정서를 자극하는 음식 섭취를 줄인다

초콜릿을 포함한 각종 카페인도 마찬가지다. 진정 효과가 있는 식품의 섭취량도 늘리자. 오메가-3 지방산을 함유한 식품(아마씨, 치아씨, 호두, 연어, 참치, 넙치, 안초비, 정어리 등의 지방이 풍부한 생선), 마그네슘을 함유한 식품(견과, 씨앗, 시금치, 바나나, 콩류, 통곡물) 등을 추천한다.

### • 의식적으로 심신의 긴장을 푼다

매일 20분 이상 근육 이완이나 명상을 위한 시간을 빼 놓자. 특별히 긴장되거나 동요된 상태가 아니더라도 이 시간은 지키도록 한다. 이런 시간을 꾸준히 보내면 정서적 염증의 전반적인 열기를 식힐 수 있다.

### • 미디어 다이어트를 시작한다

뉴스피드, 신문, 텔레비전 뉴스, 소셜 미디어를 접할 시간과 방법을 정해 놓고 지키자. 이렇게 하면 온종일 부정적이거나 걱정스러운 메시지의 홍수에 빠지지 않을 것이다.

### • 자신을 괴롭히는 일을 글로 적는다

거창한 문제가 아니라 구체적이고 소소한 일들을 적으면 된다. 한 번에 하나의 문제에 관해 이야기하겠다고 믿을 만한 사람에게 약속해 둔다. 의도적으로 주어진 문제로 대화하면 불안을 일으키는 문제에 집착하거나 이 때문에 마음이 요동쳐 생기는 불안감을 통제할 힘이 생긴다.

## 쫓기는 반응 유형

광란과 과잉 반응하는 형태의 정서적 염증에 속한다면, 흥분을 가라앉히고 자신의 에너지와 주의력을 다른 좋은 곳에 쓸 방법을 찾아야 한다.

• 비판적으로 생각하기를 연습한다

뉴스로 듣거나 일상생활에서 접하는 정보의 타당성과 정확성을 먼저 따져 본 뒤에 행동 여부를 결정하자.

• 시간을 효율적으로 관리한다

불필요하게 시간을 허비하는 활동은 다른 사람에게 위임하거나 일정에서 지워 버리자. 반드시 승낙할 필요가 없는 요청에는 "아니오"라고 답하는 연습을 해서 소중한 나의 감정을 지키자.

• 휴식 시간도 일과에 넣는다

하던 일을 멈추는 시간을 마련하자. 그 시간에는 잠시 현재에서 빠져나와 고전을 읽거나 오래된 영화를 보거나 친구들과 함께 카드나 단어 게임을 하면서 기분을 전환한다. 댄스 수업에 받거나 전에 즐겨 다루던 악기를 꺼내 연주해 보는 것도 좋다.

• 적절한 색과 향으로 주변을 두른다

이미 쫓기는 듯한 감정을 느끼고 있으니 반응성을 떨어뜨리도록 파란색이나 초록색 등 차분한 색으로 주변을 두르거나 그런 옷을 입는다. 또한 바닐라, 라벤더같이 마음을 가라앉히는 에센셜 오일을 맥박이 느껴지는 손목 부위에 한 방울 떨어뜨린다.

## 부글부글 끓는 반응 유형

짜증, 화, 심지어 분노로 나타나는 정서적 염증에 속한다면, 자신의 울분과 분노를 건설적인 행동으로 바꾸는 것이 유익하다.

### •정서를 자극하는 음식 섭취를 줄인다

초콜릿을 포함한 각종 카페인도 마찬가지다. 진정 효과가 있는 식품의 섭취량도 늘리자. 오메가-3 지방산을 함유한 식품(아마씨, 치아씨, 호두, 연어, 참치, 넙치, 안초비, 정어리 등의 지방이 풍부한 생선), 마그네슘을 함유한 식품(견과, 씨앗, 시금치, 바나나, 콩류, 통곡물) 등을 추천한다.

### •좌절감을 머릿속에서 분출한다

언짢은 만남이나 사건이 있었다면 실제로 하고 싶었던 말이나 행동을 떠올린 뒤, 상대에게 저주를 퍼붓거나 분출하는 자기 모습을 상상하라. 이렇게 하면 현실에 부정적인 결과를 초래하지 않으면서도 지금 느끼는 억눌린 좌절감을 어느 정도 해소할 수 있다.

### •자극하는 사람이 누구인지 알아낸다

상대를 더 잘 다룰 방법 또는 상대와 부딪칠 때 건강한 경계를 설정하는 방법을 고민해 본다. 화가 날 만한 상황을 앞뒀을 때는 몇 분 정도 시간을 내 심호흡이나 명상 등 이완 기술을 실천한다.

### • 물과 시간을 보낸다

가능하다면 수영을 하거나 수심이 얕은 긴 수영장 레인을 걸으면서 리듬감 있는 활동을 통해 마음을 가라앉힌다. 강가, 호숫가, 연못가로 산책을 나가도 좋다. 물을 가까이할 수 없다면 집이나 사무실에 작은 분수를 들여놓거나 파도 소리를 들려주는 앱을 활용해 보자.

## 물러나는 반응 유형

얼어붙고 거리를 두고 철회하고 멍해지거나 무감각해지는 형태로 나타나는 정서적 염증에 속한다면, 활력을 되찾고 주변 세상과의 소통을 재개하는 것이 중요하다.

### • 깊은 생각을 끊는다

부정적인 생각이 자꾸만 마음을 휘감을 때는 생각을 멈추고 반려동물을 어루만지거나 경쾌한 음악을 들으면서 주의를 환기한다. 다시 말해 반추하는 습관을 깨뜨려야 한다. 부정적 생각에 빠질수록 기분은 더 나빠진다.

### • 내 삶의 긍정적인 면을 생각한다

날마다 잠깐 시간을 내 감사히 여기는 사람이나 대상을 떠올리고 감사한 이유를 생각해 본다. 잠시 멈춰 내 삶의 감사한 부분을 되돌아보면 기분과 전망이 나아지고 다른 사람과의 관계도 개선된다. 감사한 마음을 상대에게 표현하면 더 좋다.

### • 타인을 위한 선행을 실천한다

순수하게 돕는 마음으로 프로젝트를 진행하는 동료를 거들거나 아픈 친구 또는 친척에게 꽃이나 식사를 가져다준다. 이런 친사회적 행동은 나만의 생각에서 빠져나오도록 도와주며 긍정적인 감정도 높인다.

### • 사회적 지지망을 형성한다

집, 직장, 지역 사회에서 내게 지지와 영감을 주며 나와 가치를 공유하는 사람이 누구인지 확인함으로써 홀로 떨어져 있고 싶은 욕구를 이겨 낸다. 그런 사람들과 주기적으로 시간을 보내면 유대감을 얻을 수 있다.

나의 고유한 증상을 관리할 전략을 선택한다면 맞춤 행동 계획을 짤 수 있다. 정서적 염증이 차츰 가라앉기 시작하면 이 방법들을 자유롭게 변형해 지속적인 효과를 보자. 그렇다고 이 전략에만 갇혀 있지 말자. 이를 발판 삼아 흥미로워 보이고 자신에게 잘 맞을 것 같은 건강하고 건설적인 다른 전략도 실행해 보길 바란다.

자연과 소통하는 시간을 더 많이 가져야 한다. 마음이 맞는 사람들에게서 사회적 지지도 얻어야 한다. 생활 방식을 바꾼 덕분에 성취한 목표를 자축하고, 열의를 가진 사안에는 행동에 나섬으로써 정서적 불편함을 차츰 가라앉히자. 이것은 자신만의 계획이다. 잘 활용하고 세밀하게 조정하고 주도적으로 실행하라. 그리고 시간이 지남에 따라 마음에 나타나는 변화를 음미하라.

정서적 염증은 불가피한 마음 상태가 아니다. 적절하게 대처하면 이를 가라앉혀 온순하게 길들이고 이 때문에 발생하는 불길을 끌 수 있다. 감정을 회복하려고 행동하는 것은 복잡한 이 세상을 살아가는 자신에게 선사하는 최선의 요법이다. 차분한 상태를 유지해 하루 24시간, 일주일 내내 더 나은 기분을 느끼고 더 효과적으로 자기 역할을 수행하며 삶의 질을 높이는 길로 나아가는 데 이 회복 계획을 황금 티켓으로 여기길 바란다. 당신의 힘으로 얻은 티켓이다!

# 감정 회복력을 키우는 TIP

◇ 내 감정 파악하기 ◇

□ 하루 동안 틈날 때마다 정서적 맥박을 점검하자. 순간순간의 느낌을 살펴
   보고 어떤 감정인지 최대한 구체적으로 이름을 붙인다.

□ 정서적 어휘를 넓히자. 슬픔과 피곤함, 초조함과 두려움, 분노와 짜증 사
   이를 구분한다. 책, 영화, 텔레비전 프로그램, 팟캐스트에서 사용되는 감
   정에 관한 단어에 주의를 기울인다.

□ 자신의 감정에 어떻게 느끼는지(초감정) 알아차리고 이런 이차 감정이 일
   차 감정을 어느 정도로 복잡하게 만드는지 살펴보자.

□ 자신의 감정을 판단하지 말고 그대로 받아들이는 태도를 기르자. 감정 자

체보다 감정에 반응하는 방식이 문제일 때가 많다.

◇ 내 감정 되돌아보기 ◇

☐ 기분이 변화한 최초의 순간을 생각해 보자. 아마 무언가를 봤거나 읽었거나 들었거나 경험하고 나서 기분이 달라졌을 것이다.

☐ 과거에 생긴 정서적 상처가 현재 상황에 대한 반응에 영향을 미쳐 정서적 염증을 심화하는 장본인일 수도 있음을 고려하자.

☐ 체온이 달라지거나 몸이 떨리는 것 같은 신체 감각에 주의를 기울이자. 이런 감각은 특정 상황의 영향 아래 있거나 곧 그런 영향이 나타날 거라는 신호일지도 모른다.

☐ 피곤하거나 배가 고프거나 너무 많은 자극에 노출돼 생리적 평형 상태가 깨지지 않았는지 주시하자. 이 때문에 정서적 반응이 커질 수 있기 때문이다. 생리적 문제가 해결되면 감정 문제도 덩달아 해결될지도 모른다.

◇ 감정을 위한 습관 바꾸기 ◇

☐ 매일 밤 자신에게 필요한 수면량을 고려해 규칙적인 취침, 기상 시간을 정해 평일과 주말에 일관되게 지키자.

☐ 취침하기 적어도 90분 전에는 디지털 기기를 꺼 둔다. 모든 전자 기기를 끄고 조명을 줄이고 분주했던 낮 동안의 활동에서 벗어나 자신을 가라앉

힐 만한 활동을 해 보자.

□ 아침에 일어날 때는 밝은 자연광을 쬐어 정신을 차리고 몸의 총괄 시계를 재설정하자.

□ 복용하는 약이나 섭취한 음식 등 나도 모르게 수면 리듬을 방해하는 요인을 찾아내 복용 또는 섭취 시간을 바꿀 수 있는지 알아보자. 복용약에 관해서는 의사와 먼저 상의한다.

□ 뛰어난 추론력이나 의사 결정 기술 또는 신체적인 근력과 민첩성을 요하는 일 등 중요한 활동은 하루 중 자신이 최상의 성과를 얻을 시간에 하도록 계획하자.


◇ 감정 끊기와 잇기 ◇

□ 하루를 보내면서 부정적인 생각을 낚아채 그 실체를 점검하고 왜곡된 생각이 있다면 바로잡자.

□ 소셜 미디어를 포함한 다양한 매체의 소식을 접하는 시기와 방법을 정해 내 삶에 들어오는 정보의 흐름을 통제하자.

□ 스트레스에 질문을 던지는 습관을 기르자. 이 스트레스가 말하려는 것은 무엇일까? 위기로 가장한 기회는 아닐까? 숨은 메시지를 찾아내 위험 요소를 해제하도록 노력하자.

□ 사랑하는 친구에게 얘기할 때처럼 자신만의 어휘 사전에서 '항상, 절대, 반드시' 같은 단어를 지워 버리자.

□ 감정을 자극하는 일에 부딪혔을 때 나타나는 생리적 반응은 길어야 90초
  라는 사실을 기억하자. 그 후의 일은 온전히 자기 몫이다.

□ 주기적으로 3~5개의 감사할 일을 꼽아 보는 습관을 들이자.


◇ 감정을 위한 건강 챙기기 ◇

□ 장 마이크로바이옴을 잘 관리하자. 이를 위해 날마다 항염증성 식품과 프
  로바이오틱스가 풍부한 식품을 식탁에 올리자.

□ 매일 10분 이상 활기차게 움직이는 습관을 들이자. 사람의 몸은 움직이도
  록 설계됐다. 유산소 운동은 기분을 향상시킬 뿐 아니라 스트레스를 걸어
  내는 데도 유익하다.

□ 옥시토신 주사를 맞자. 자신이 믿는 사람에게 한 번 또는 두 번 힘껏 안아
  달라고 해 보자.

□ 주기적으로 '5-6-7 호흡법'을 연습해 체내 압력을 낮춰 산소와 이산화탄소
  흐름과 비율을 관리하자.

□ 좋은 향기를 곁에 두어 자신을 차분히 가라앉히자. 코로 들어온 향기가
  올바른 목적지인 뇌까지 도달할 것이다.


◇ 자연과 함께하기 ◇

□ 녹색 공간에서 산책하거나 반려동물과 함께 놀거나 자연환경을 담은 이

미지를 보면서 주의력과 정서적 원기를 회복하자.

□ 화초, 보울에 담은 솔방울, 창문가에 둔 약초 상자 등 자연 요소를 집과 사
  무실에 비치해 바깥 환경을 안으로 들이자.

□ 나뭇잎, 가지를 뻗은 나무, 고드름, 심지어 로마네스코 콜리플라워 윗부분
  에 있는 반복적인 패턴을 바라보면서 날마다 조금씩 프랙털을 접하자. 프
  랙털은 정신에 균형감을 선사하고 뇌가 정서를 조절하도록 돕는다.

□ 가능하다면 야외로 나가 자연의 소리에 귀를 기울이고 그럴 수 없다면 부
  딪치는 파도 소리나 나무를 스치는 바람 소리처럼 위안을 주는 소리를 제
  공하는 앱을 활용하자.

□ 밤하늘을 올려다보고 달과 별들을 곰곰이 생각하고 우주에 경이와 감탄
  이 선사하는 힘에 주의를 기울여 보자.


◇ 감정을 위한 인간관계 재설정 ◇

□ 방관자 효과를 탈피하자. 잘못되거나 해로워 보이는 일이 벌어지고 있다
  면 이에 관해 목소리를 내거나 행동에 나서서 상황을 중재하자.

□ 껄끄러운 정치적, 사회적 주제에 열린 자세로 다른 사람과 의견을 나누
  자. 정치적으로 민감하거나 논쟁의 여지가 있는 주제라도 재치와 연민을
  발휘해 이야기를 나눈다면 모두가 자신의 두려움과 걱정을 나누면서 유
  익을 얻을 수 있다.

□ 자기가 남기는 탄소 발자국을 계산해서 이를 줄일 방법을 연구하자. 대중

교통을 이용하고 지역 농산물을 구매하고 가전제품은 에너지 효율이 높은 제품으로 바꾸고 비행기 대신 기차로 이동하는 방법을 택할 수 있다.

□ 도움이 필요한 사람에게 손을 내밀거나 자신이 지지하는 단체나 기관의 활동을 돕는 일에 자원봉사로 참여하자. 개별적인 활동에 지원해도 좋고 이미 진행되고 있는 프로그램에 참여해도 좋다.

□ 중요한 사안에 대해 확고한 입장을 취함으로써 본보기를 남기고 다른 사람들에게 좋은 자극을 전파하자. 노력을 기울여 행동하는 모습을 숨기지 말고 다른 사람들과 나누자.

# 언제나 나를 사랑하고 격려하라

어느 날 갑자기 저절로 세상이 훨씬 더 안전하고 건강하고 평화롭고 서로를 존중하고 뭐든 저렴하게 살 수 있고 환경도 잘 보존되고 스트레스도 적은 곳이 될지도 모른다고 생각한다면 오산이다. 그렇게만 된다면야 더없이 좋겠지만 모든 것이 그렇게 완전히 뒤집어지기를 기대하는 것은 허황된 바람이다.

이 폭풍우 같은 세상의 바람이나 조류를 바꿀 수 없음은 자명하다. 하지만 안전한 항구나 해안에 다다르도록 자신의 항해술과 헤엄치는 능력을 키울 수는 있다. 다시 말해 소용돌이처럼 일어나는 위기와 재앙을 늘 통제할 수는 없지만 그런 순간에 대처하고 정서적으로 반응하는 방식은 어느 정도 조절할 수 있다.

이제 우리는 혼란한 세상을 사는 동안 정서적 염증의 불씨가 일어날 때마다 자신을 직접 구해야 할 특별한 위치에 서 있다. 이 책에서 얻은 지식으로 무장하고 회복 플랜도 챙겼으니 삶에 따르는 갖가지 부침과 도전 과제를 감당할 도구는 든든히 갖춘 셈이다.

이 도구를 필요할 때마다 지혜롭게 활용해서 정서적 안녕과 에너지를 지키고 꾸준히 차분한 상태를 유지하라. 밤에 밝은 조명과 기기에 노출되는 것뿐만 아니라 뉴스에 노출되는 양도 현명하게 제한하길 바란다. 수면 시간을 일관되게 유지하자. 규칙적으로 운동하고 마이크로바이옴도 잘 돌봐야 한다.

더불어 여기서 익힌 기술을 활용해 자신의 생각과 긴장을 길들이는 데 꾸준한 노력을 기울이길 당부한다. 이 모든 것이 정서적 염증을 가라앉히고 그 촉발 요인을 피하게 할 필수 방법이다.

결국 그동안 부정적 감정을 완화하기 위한 열쇠는 안을 돌아보는 것과 밖을 탐색하는 것 사이에서 균형을 찾는 것이다. 즉 복잡한 감정의 실타래를 풀어내고 이를 일으키는 주된 요인을 찾아 건설적인 방법으로 해소하라. 그런 한편 목적의식을 갖고 공동체감을 촉진하며 세상에 긍정적인 변화를 가져올 잠재력을 지닌 불씨를 일으킬 의미 있는 활동에 참여한다.

"한 방울 한 방울이 모이면 강을 이룬다."

아프가니스탄 속담처럼 긍정적인 행동 하나하나가 소중하다. 사태를 개선하기 위한 노력이 당장은 열매를 거두지 않는 것 같아도 특정한 사안에 올바른 행동은 파급 효과를 일으킨다는 것을 기억하자.

필요한 조치로 의미 있는 변화를 일으키는 데 주저하는 사람들이 있다. 세상의 거대한 문제 앞에서 우리의 노력이 하찮게 느껴지기 때문이다. 하지만 한 사람의 에너지와 추진력은 다른 사람들을 일깨워 뒤를 잇게 하므로 각 개인의 행동은 실제로 변화를 만들어낸다.

이렇게 여러 사람이 행동에 나서면 더 많은 사람에게 각성과 영감을 전달해 자신의 입장을 드러내게 하고 더 인간적이고 평등한 사회를 이룩하거나 자연을 보호하는 일에 참여하게 한다. 각자의 행동은 개인적인 수준에서 시작되지만 이것이 한데 모여 쌓이면 변화를 일으킬 엄청난 힘이 된다. 자신이 본보기가 되어 사람들을 이끌 수 있다. 특히 자신을 변화의 주역이라고 생각하기 시작한다면 더욱더 그런 힘을 발휘할 것이다.


단 사람마다 대처 방법이 다름을 기억하고 특히 힘든 시기에는 서로를 판단하기보다 이해심을 발휘해 이런 차이를 인정하고 수용하는 것이 중요하다. 오늘날 세계와 그 속에 존재하는 우리 삶에 나타나는 혼란을 대할 때 희망과 공감의 자세를 보이려면 용기와 끈기가 필요하다.

이런 힘은 공동체 의식과 연대감을 키울 때 더 쉽게 생긴다. 특정 사안에 전진과 후퇴를 좌우하는 결정적인 시점이 있다. 문화적, 기술적, 정치적, 생태적, 개인적 수준의 전환점 말이다. 여기서 우리 각자는 더 나은 방향으로 변화를 촉진하는 데 이바지할 잠재력을 지니고 있다. 긍정적인 전환점에 한번 도달하면 우리가 상상했던 것보다 훨씬 빠른 속도로 진보를 이룰 수 있다. 중요한 것은 수레바퀴 자체에 힘을 실어 바퀴를 움직이게 만드는 것이다.

앞으로 나아가는 길에 먼저 챙겨야 할 것을 산소 마스크에 비유하겠다. 특히 정서적 염증이 촉발됐다고 생각되면 이 마스크를 착용한 후에 다른 사람에게 도움을 베풀거나 영향력을 발휘하길 바란다. 그렇지 않으면 신체적, 정서적 원기가 고갈될 위험에 놓여 그 누구도 효과적으로 돕지 못할 것이다.

인간은 고난과 역경을 딛고 일어나 다시 성장하고 자신의 경험에서 교훈을 얻는 놀라운 능력을 지녔다. 힘들게 깨우친 교훈은 세계와 자신을 바라보는 관점, 그리고 삶에 접근하는 방식에 통합해 생존을 넘어 번성하는 데 유용하게 쓸 수 있다. 적어도 이 정도는 우리 모두가 누릴 자격이 있다.

심리학 박사가 들려주는 감정 조절 수업

# 감정 회복력

**1판 1쇄** 2020년 7월 27일
**1판 2쇄** 2020년 8월 24일

**지은이** 리제 반 서스테렌, 스테이시 콜리노
**옮긴이** 김미정
**펴낸이** 유경민 노종한
**기획마케팅** 정세림 금슬기 최지원 현나래
**기획편집 1팀** 이현정 임지연 **2팀** 김형욱 박익비 **라이프팀** 박지혜
**책임편집** 이현정
**디자인** 남다희 홍진기
**펴낸곳** 유노북스
**등록번호** 제2015-000010호
**주소** 서울시 마포구 월드컵로20길 5, 4층
**전화** 02-323-7763 **팩스** 02-323-7764 **이메일** uknowbooks@naver.com

**ISBN** 979-11-90826-11-2 (03190)

- — 책값은 책 뒤표지에 있습니다.
- — 잘못된 책은 구입하신 곳에서 환불 또는 교환하실 수 있습니다.
- — 이 도서의 국립중앙도서관 출판예정도서목록(CIP2020028814)은 서지정보유통지원시스템
  홈페이지(http://seoji.nl.go.kr)와 국가자료공동목록시스템(http://www.nl.go.kr/kolisnet)에서
  이용하실 수 있습니다.